大手メーカーの未来研究者による門外不出の

企画思考トレーニング

Business
Design Thinking

渡邊和久
Kazuhisa Watanabe

飛鳥新社

はじめに

「エウレカ！エウレカ！（わかった！みつけた！）」

　古代ギリシャの学者・アルキメデスがそう叫んだように、どこからともなくアイデアがやってきて、モヤモヤした思考の霧をふき飛ばしてくれたことはありませんか？
　新たな風景が目の前にパーッと広がり、喜びの声を上げたことはありませんか？

　私たちの頭には常に多くの考えが渦巻いていて、記憶にさえ残らない思考の嵐の中からアイデアは生まれてきます。
　天からズドーンと降りてくるのか、無意識の底で熟成されたものがふわりと浮上してくるのか、誰かのひと言でアイデアの扉がパタンと開くのか、そのあり方は様々でしょう。

〝骨人間〟との出会いが絵描きのきっかけ !?

　ずいぶん昔の話です。
　私には息子が２人いるのですが、長男が小学生のときに、人のイラストを描いていたことがありました。大きめの丸い頭と小さな胴体、ヒョロリとした手足。いかにも子どもが描きそうなひとコマを、彼は夢中で描いていました。

　たまたま近くにいた私は、何気なく彼に声をかけます。

「人を描くときは骨と関節から描くといいよ。見えないけど、ほら、頭にも骨があるし、手、足、お腹、背中にも骨がある。体は骨と関節でできているんだ。関節を曲げればどんな格好にだってできるよ。走らせることも、座らせることも、何だって描ける。どうだい？」

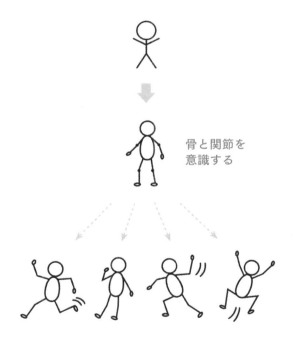

骨と関節を
意識する

　私が彼の鉛筆を借りて、例として描いたのは、マッチ棒でできた操り人形のようなものでした……にもかかわらず。

「エウレカ！」

　そう叫びはしなくとも、それを見た彼の表情はまさに「エウレカ！」だったのでした。目を見開き、キラキラと輝かせ、驚きと嬉しさですぐさま〝骨人間〟を描き始めました。

　そして、どのくらいの日が過ぎたでしょうか。

　彼の教科書の片すみには、走る、止まる、飛ぶといった躍動する骨人間のパラパラ漫画ができあがっていました。それは本当にすばらしい作品でした（親バカかもしれませんが）。

　今、成人した長男は絵描きの仕事をしています。

　私には骨人間と出会ったときの彼の表情が忘れられません。あのときの小さな「エウレカ！」がきっかけになっているなら、うれしいなと思っています。

「新しい組み合わせ」には 関連性を見つけることが大事

　この本は、アイデアをまとめ、企画を生み出す思考法をお伝えするために執筆しました。

　先が読みにくく、未来を予測するのが難しい現代（VUCA の時代）だからこそ、自らのアイデアを組み立てて、魅力ある提案に仕上げる「企画力」が重要になってきます。

　「企画思考トレーニング」を通して、今まで気づいていなかった考え方（思考のポイント）を発見できれば、「なるほど」「わかった！」となるはずです。

　そして、一度新しい視点を得ると、もう古い考え方には戻

れません。

　ベストセラー『アイデアのつくり方』の著者ジェームズ・W・ヤングは、アイデアづくりの基本を２つ挙げています。

①アイデアは既存の要素の新しい組み合わせである
②新しい組み合わせをつくり出す才能は、事物の関連性を見つけ出す才能によって高められる

　アイデアの定義で有名なのは①。みなさんも一度は聞いたことがあるでしょう。
　でも、この本の主題となるのはあまり語られることのない②。なぜなら、**「事物の関連性を見つけ出す才能」がアイデアを組み立てるために欠かせない**からです。そして、アイデアの組み立て方が、ビジネス企画を立てる第一歩となります。

　私は家電メーカーのパナソニックで30年以上、未来の暮らしや社会を研究しながら、家電やソリューションビジネスの構想、企画、社会への実装（商品化、事業化、納入）に関わってきました。

　横浜美術館や東京ディズニーランド内の施設で、映像・音響・情報システムのデザインを経験した後、地域再開発の大きなテーマを扱い、さらに**「CO2±ゼロ住宅（09年）」「IoT型珈琲焙煎機（17年）」「快眠環境システム（20年）」**などの新規ビジネスづくりも経験しました。

現在はそうした実務からは離れ、幹部の戦略ブレーンとして、未来予測やビジネス環境の分析を行っています。

「構想」は、様々なアイデアや考えを組み立て、目的や方向性を明確にすることです。
「企画」は、「構想」をベースにして、具体的な実現計画を立てる段階です。スケジュール、予算、チーム構築などの行動計画に落とし込む作業が含まれます。

　私の場合、「構想」した案件が1000を超え、そのうち「企画」に進むのは10分の1、さらにその企画が実用化されるなど社会実装へつながったのは、その3分の1。
　つまり、構想からそれが世の中に出るまでに至ったのは私の場合、3%でした。この数字が多いのか少ないのかは、データがないので比較は難しいです。

　でも面白いことに、「構想」段階から実用化される確率は低いものの、「企画」が実用化される確率は、約30%（3割バッターみたいなもの）です。結構高い確率だと言えます。
　この確率を生んだのは、**「構想」から「企画」において、事物の関連性を見つけてアイデアを組み立てていく思考法があったから**です。そして、その思考法が「エウレカ！」というひらめきを私たちにもたらしてくれたのです。

　多くのビジネスが生まれては消えていく昨今ですから、構想や企画よりも、そのアイデアを実際に社会で使える形にす

る社会実装に注目が集まりがちです。

　しかし私の経験では、**よい構想と企画であればあるほど、そのアイデアが社会で役立つ可能性が高まる**と感じます。

　実際、ノーベル賞級の発明も、すごい「構想」からスタートして、時間をかけて社会に受け入れられるようになっていきました。たとえば、1962年にノーベル生理学・医学賞を受賞したDNAのらせん構造の解明は、1951年以前にそのアイデアがあり、1953年に発見と提唱がされたそうです。

　どんな時代でも、新しいアイデアを企画につなげる人が「始まりの人」になります。

「想像／創造」に役立つ思考法を探して

　でも、実際のところ、問題解決や発想のフレームワークはたくさんあるものの、ビジネスの起点になるような、革新的なアイデアを生み出すには何か物足りなさを感じてきました。

　それに、アイデアの組み立て方について学ぶ機会はあまりありません。学校でも教えてくれませんでした。

　社会人になってから、私は多くのプロジェクトを手がけるたびに「構想とは？」「企画とは？」「アイデアが生まれる秘訣は？」「雑多なアイデアをまとめるには？」「周囲を説得するには？」といったことを模索し続けました。

特に、思いつきのアイデアはたくさん出せても、それをビジネスの企画に展開していくことはかなり難しく、正直、企画書づくりに悩む日々がずっと続いていました。

　そして、実践し四苦八苦しながら見つけてきたのは、**未来の暮らしや社会の「想像／創造」に役立つ思考法**です。
　すでにある発想ツールやフレームワークを参考にして、想像力や創造性を刺激する方法をあれこれ試行錯誤するうちに、自分なりの思考法が少しずつ形成されていきました。

「ずらす」「俯瞰する」「パターンを見つける」など、ジェームズ・W・ヤングの言う事物の関連性を見つける力が大切なことがよくわかったのです。

　ある時点からそのノウハウを会社の同僚や後輩、体験留学で訪れる学生、参画したボランティアプロジェクトで出会う人々に話したり、セミナーや記事で公開することが多くなりました。そのエッセンスを1冊にまとめたものが本書になります。

　そして、「構想」から「企画」において、アイデアを組み立てビジネスの魅力を高める考え方を**「企画思考」**と名づけてみました。

既存の発想ツールや　　　→　　想像力と創造性を　　　→　　アイデアを組み立て
フレームワーク　　　　　　　　刺激する方法にアレンジ　　　　魅力を高める
企画思考

未来を見る能力は
過去を見る能力に比例する

　この本を手に取っていただきありがとうございます。

　みなさんに「企画思考」を身につけていただけるよう、39
の例題を用意しました。

　クイズ形式にしたのは、楽しみながら、「あ、そういうこ
とか！（エウレカ！）」の機会を増やしていただくためです。

　例題に対する正解はひとつとは限りませんので、ここでは
解答例としながら、その先の思考法をまとめています。

　また、項目の最後に「WORK」をつけましたので、何か
の合間にでも行っていただければと思います。

　取り上げる事例は私の経験上、家電や社会ソリューション
に関わるものをたくさん紹介しています。また時期的に古い
話題も含まれていますが、その点はご了承ください。

　なぜなら、**未来を見るためには過去を振り返って見ること
がとても重要だからです**。過去からの流れ、ベクトルが未来

を読む重要なヒントになるからです。

　若い人にとって「そんな昔のこと、聞いたことないよ」というものもあると思いますが、**「未来を知る能力は、過去を知る能力と比例する」**と思って一緒に学んでいきましょう。

　リラックスした気持ちで読み進めていただき、思考の扉をひとつまたひとつと開いていってほしいです。

　そして、「エウレカ！」という気づきが、あなたの心のモヤモヤを晴らしていくことを願っています。

　さあ、一緒に「企画思考」のトレーニングを始めましょう。自分だけの「エウレカ！」に巡り合いますように。

contents

part 01 　入門編
アイデアが広がる
シンプルな方法

chapter01 │ 基準をずらしてみよう

chapter02 │ 全体を俯瞰する目を持とう

part 02 応用編
さらに、思考する力を高める方法

chapter09 ｜ 理想の未来を引き寄せる思考

装丁・本文デザイン	別府拓（Q.design）
本文イラスト	みわまさよ
編集協力	大西華子
校正	矢島規男
企画協力	長倉顕太、原田翔太（The Author's Club）

企画思考トレーニング

part 01

入門編

アイデアが広がるシンプルな方法

chapter 01

基準を
ずらしてみよう

　この章では、私がこれまでに関わった家電の開発や未来研究を参考に、暮らしや住まいなどの身近な例題を取り上げます。

　円錐（えんすい）という立体は、真上から見れば円、真横から見れば三角へと変化するように、視点を変えるだけで見え方が異なります。

　視点や順番、役割といった基準となるものをほんのちょっとずらすだけでアイデアが組み立てやすくなり、そのまとまりに新しい輝きが生まれることがあります。
　基準をずらす例題を出していきますね。

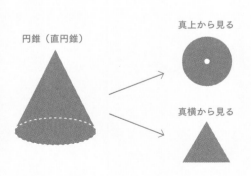

円錐（直円錐）

真上から見る

真横から見る

例題
―
01 冷蔵庫の思わぬライバルとは？

今ではほとんどの家庭にある「冷蔵庫」。

日本の家庭向け冷蔵庫は 1930 年に登場し、1950 年代に普及期を迎え、白黒テレビや洗濯機とならび「三種の神器」と呼ばれていました。

その後、冷蔵庫はどんどん進化し、冷凍機能や凍らない温度で食品を長期間保存するチルド機能などが誕生。1990 年代にはインバーター制御などの省エネ技術が大きく進化します。そして、2000 年には世帯普及率が 98% に達しました。

しかし、その頃、冷蔵庫の存在価値に大きな一石を投じる思わぬライバルが社会には広がりはじめていました。

さて、それは何だったのでしょうか？

解答例 01 街なか冷蔵庫となる「コンビニ」

コンビニが冷蔵庫のライバルなんて意外でしょうか？

1970年代に日本で登場したコンビニエンスストアは、2023年には5万6000店ほどの数となり、特に都心に住む人にとってはなくてはならない存在です。

歩いてすぐのコンビニに行けば、食品・飲み物がいつでも手に入るので、冷蔵庫にたくさんのモノを蓄えておく必要がなくなりました。

言いかえると、**コンビニが冷蔵庫の代わりになり、「街なか冷蔵庫」として進出**したのです。さらに、今ではネットスーパーが台頭し、注文すると様々な食品が数時間から1日で届いて、家庭とネットスーパーの倉庫は密接に結びつくようになりました。

一方で、冷蔵庫はライバルの登場を受けて、単に冷蔵や冷凍ができるだけではなく、「鮮度保持」や「小型・静音化」など別の機能も追求することになりました。

💡**思考のポイント** アイデアを越境させる

このように見ていくと、冷蔵庫の役割が「街なか冷蔵庫（コンビニ）」に移り、私たちからどんどん遠いところに移動しているかのようですが、コンビニエンスストアやネットスーパーが個人のそばへ「越境」しているとも言えます。

同じようにビジネスでは従来の枠組みにこだわらず、「越

境」して、新しい領域に柔軟に進出することが重要です。

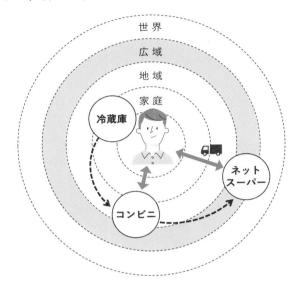

冷蔵庫以外の事例も考えてみましょう。

たとえば**フィットネスジム**。

家庭用のトレーニングマシンは様々な種類が昔から発売されていましたが、ジムで体験できるような充実感はなく、どれも長続きしにくいものでした。

そんな中、「**ペロトン**」というオンラインフィットネスサービスが2012年、ニューヨークに誕生します。

「ペロトン」は、自宅に設置したバイクマシンに専用モニターが付いていて、ライブでトレーニングができるエクササイズ機器です。

モニターに消費カロリーが表示され、同じトレーニングク

ラスの仲間と競い、励まし合うことができます。カリスマイ
ンストラクターともオンラインでつながりますし、多彩なプ
ログラムを体験できます。

　モチベーションを保つための工夫がされているため、アメ
リカで非常に人気のあるサービスとなり、利用者の離脱率も
極めて低いです。

　高品質なフィットネスジムのような体験が、身近な自宅に
「越境」してきたのです。

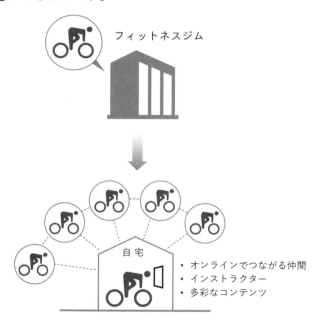

　もうひとつ、**「おうちキャンプ」**の例を見てみましょう。
　以前から公園の芝生では、ポップアップテント（簡易テン
ト）を広げてランチや昼寝などが楽しまれていましたが、一

時期、感染症対策で外出制限されたことにより、自宅の庭やベランダでキャンプスタイルを楽しむ人も増えました。

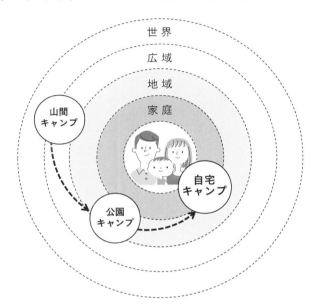

　キャンプという非日常空間が、離れた山間から都市の公園へ、さらには自宅へと「越境」してきたことになります。

　人は便利でアクセスしやすいものに魅力を感じます。そのため、**既存の領域を「越境」して、人に近づいてくるサービスはこれからも確実に増えていくでしょう。**
　レストランの有名シェフが自宅に来てくれるサービス、使い慣れたキッチンで料理教室をオンライン受講できるサービス、病院や美容院が自宅にやってくるサービスなども、身近な場所へ「越境」している事例となります。

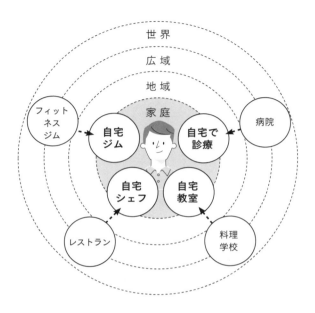

WORK ··

既存のサービスや商品を「越境」させて、異なる場所、時間、
分野に置き換えてみましょう。「越境」は企画思考の基本です。
アイデアが広がりますよ。

例題
02

東京オリンピックと住宅ブームの関係は？

2021 年に東京でオリンピックが開催されましたが、東京で最初のオリンピック（夏季大会）が開催されたのは 1964 年なのをご存じでしょうか。

1959 年に東京開催が決定し、その直後から日本各地で国土整備のための建設ラッシュが起こります。

同時に技術革新も進み、代表的なもののひとつがテレビです。その頃はインターネットはありませんでした。

1960 年にはカラーテレビ放送が始まり、オリンピック景気にのってテレビは本格的に普及していきます。

一方、同じ頃になぜか住宅ブームが起こりました。

東京オリンピックと住宅ブーム、一見すると関係のなさそうな両者ですが、住宅ブームを後押ししたのは何だったのでしょうか？

物資を円滑に行き渡らせる「舗装道路」

　当時、世界中から集まる選手や関係者、観客を受け入れるためには、道路整備はとても重要でした。

　東京ではイベント時の渋滞をなくすために高速道路がつくられ、全国でも道路がきれいに舗装されるようになりました。

　道路が整備されるとトラック輸送が増え、物資が広く行き渡るようになります。そこでスーパーマーケット業界が活気づき、地元のスーパーで日用品が手に入るようになりました。

　この頃、**新三種の神器**と呼ばれた人気商品は自動車、カラーテレビ、クーラー。道路、スーパーマーケットに続き、豊かな暮らしの象徴として爆発的に売れました。それから家電業界は成長期を迎えます。

　さらには、住宅の工業化が進み、工場で作られた住宅の部品が舗装道路上で運ばれやすくなりました。住宅建設にも火がつき、住宅メーカーも次第に増えていきました。

💡思考のポイント 玉突き効果を読む

　この**道路整備の影響を人間の体に例えるなら、まるで血液の循環がよくなって全身に栄養が行き渡るような感じです。**日本全国で産業が活気づいた、その一端が住宅ブームというわけです。

道路整備

トラック
輸送拡大

1960年代の
発展のサイクル例

住宅ブーム

スーパー
マーケット
拡大

家電の普及

　このように、高度成長期には多くの産業が同時に発展し、それが互いに影響し合って、「玉突き」のような連鎖的なイノベーションを巻き起こしました。**「玉突き効果」がいろんな分野にまで影響する**ことを頭に入れておきましょう。

「おひとりさま」から生まれた玉突きは？

　昨今、スマートフォンなどの個人デバイスが暮らしの中心となり、アプリケーションや声で操作できる家電や住宅設備も増えています。将来的には、AI（人工知能）を活用したサービスがもっと普通になるでしょう。
　個人デバイスのソフトウェアはよくアップデートされますが、連携するソフトウェアも同じくアップデートが必要です。
　特に、セキュリティに関するアップデートは重要で、安全に使うためには、アップデートという玉突きに対応しなくてはなりません。

また、顧客のトレンドが様々な業界に広がることもよく起こる玉突き効果です。

　たとえば、**「おひとりさま」というトレンドは、1人暮らしや自分のライフスタイルを重視する人の増加によって生まれました。** そこから玉突き効果として、1人でアートや映画を楽しむ「おひとりさまエンタメ」や、1人向けのカウンター席が充実した「おひとりさまカフェ＆レストラン」などが増えました。

　このような業界の横断で起きている変化、玉突きの元を私は**「メタトレンド」**と呼んでいます。

　モノを買う代わりに共有する**「シェアリング」**、顧客を理解して最適化とパーソナライズを進める**「コグニファイ（認知化）」**、そして、できるだけ自給自足、地産地消にする**「ローカルファースト」**などが、「メタトレンド」と言えます。

　たとえば、服をオンラインでレンタルするサービスは、「シェアリング」と「コグニファイ」を組み合わせたものです。また、レンタルバイクや地元の食材を届けるサービスは、「シェアリング」と「ローカルファースト」の考えが反映されているのです。

WORK ･･･

様々な分野に関心を持ち、トレンドに敏感になりましょう。異なる分野とのコラボアイデアも思いつきやすくなり、新しいアイデアの「玉突き効果」が期待できます。

例題
―
03

音楽ライブ「ギタージャンボリー」の他とは違う特徴は？

2013 年から毎年、両国国技館で開催されている「ギタージャンボリー」をご存じでしょうか？

通常は相撲が行われている場所で、約 10 人の豪華アーティストが半日かけてギター弾き語りで共演する音楽イベントです。

ステージは「土俵」、客席は「砂かぶり席」「枡席（ますせき）（1.2 × 1.3 メートル、4 名まで可）」「指定席」が用意されています。

この音楽ライブには他のコンサートとは一味違う特徴があります。それは何でしょうか？

解答例
一
03

飲食や雑魚寝も一緒に楽しむ「ギター花見」

国技館らしく「飲み食い」しながら観られることが大きな特徴です。ここでは幕の内弁当、ちゃんこ鍋、焼き鳥、お酒などが販売され、14時前から20時の終演まで、「土俵」を囲んでリラックスして弾き語りを楽しむことができます。

真剣に聴きいる人、のんびりお酒を飲む人、仲間と語り合う人など、過ごし方は十人十色。桝席で寝転がる人もいて、ブルーノートやフジロックとも違う、「音楽花見」と呼ばれる楽しい場が生まれています。

💡 思考のポイント **土俵（環境）を変える**

これは**商品・サービスそのものをいじるのではなく、それを取り巻く「場所」「制度」「社会（慣習・常識）」のあり方を問うことで大きな変革を起こすアプローチ**です。

「ギタージャンボリー」は、コンサート会場ではなく、国技館で開催され、飲食できたり、寝転がれるという例ですが、他にも2つの例を見てみましょう。

ひとつ目は、徳島市内から車で約40分ほど、人口は約4600人、そのうちの約55%が高齢者という神山町の例です（2020年当時）。この町は、過疎化や高齢化に対するユニークな取り組みで注目を浴びました。

その中でも話題になったのは「**空き家に住んでほしい人を**

28

逆オファーする」という発想です。

　これは「将来、こんな町にしたい」という理想のイメージ を決めて、「この空き家はビストロに貸します」「この空き家 はパン屋に貸します」「この空き家は Web デザイナーに貸し ます」といったふうに、NPO 法人がリードして、空き家の 住人を職種などで逆指名するもの。

　当然ながら、呼ばれた人のモチベーションは高まり、仕事 もうまくいきやすい。**自治体、住人、移住者の三方が得する「三 方よし」の状態が生まれるという、土俵を変えた成功事例で す。**

　2つ目は、お昼休みの時間についての**「土俵変え」**です。

　最近は在宅での勤務が増えましたが、私たちのリサーチ チームの調査では、「在宅勤務者が昼食の負担を感じている」 という結果が出ました。昼食の「準備」や「後片づけ」が手 間で、休憩時間が足りないのです。洗い物がキッチンに残っ たままという人もいました。

　そこで私は、「昼食を効率化するのではなく、昼の休憩時 間を 45 分から 90 分に増やす」という提案をしました。通 勤時間がない在宅勤務のメリットを生かし、昼休みを長くす るアイデアです（実現は難しいかもしれませんが）。

　休憩時間を増やすことで、「ゆっくり昼食の準備ができる」 「健康やおいしさにこだわることができる」「会話や昼寝を楽 しむことができる」「食後の買い物、習い事など新たなビジ

超一流 アーティスト	場所を 変えてみる →	超一流 アーティスト
コンサートホール		**国技館！**
		「ギター花見」というお祭りへ

空き家	入居者の条件を 変えてみる →	空き家
入居者を募集する		**逆・指名する！**
		欲しかったお店が集まる

昼食	時間の長さを 変えてみる →	昼食
昼休み45分		**昼休み90分！**
		新たなゆとりがビジネスを生む

ネスチャンスが生まれる」など、多くの効果が期待できます。

　以上はほんの一例ですが、このように土俵を変えれば、いろいろなアイデアが生まれてきます。

WORK ……………………………………………………………

商品やサービスはそのままで、利用場所や提供方法などを変える、つまり土俵変えしてみましょう。新しい価値が発見できるかもしれません。

例題
04

結婚のプロセスの変化で、
昔ともっとも違うのは？

　昭和初期は「お見合い」から始まって「結婚」し、「結婚」してから「同居」、しばらくして「子ども」が生まれる、という流れが世間の常識でした。

　ところが、Z世代（1990年代後半から2000年代に生まれた世代）を対象としたレポートによれば、Z世代は結婚は義務と思わず、「1人で生きる」ことを、「結婚して生きる」と同じくらいの価値観で考えていることがわかりました。

　現代における「結婚」のプロセス、昔ともっとも価値観が違うのは何でしょうか？

出会い→「同棲」→出産→結婚
「同棲」がもっとも大切なプロセスとなった

　結婚情報誌『ゼクシィ』や女性向けメディアが行ったアンケート結果によると、結婚前に「同棲」するカップルの割合は約6割を占めるそうです。

　もはや「同棲」は少数派ではなく、相手の価値観や金銭感覚、生活リズムなどの理解を深めるための重要なステップとして見られています。

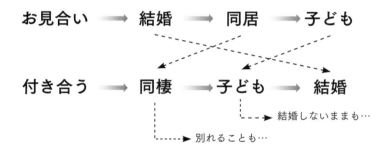

　少子化と高齢化が進む中、1人暮らしが増加する日本では、気の合うコミュニティとの共同生活やシニアカップルの同棲、離婚後も仲良く交流し支え合う元家族など、あらゆる世代で新たな連帯のカタチが増えてくるかもしれません。

🔔**思考のポイント** 順番を変える

「アナグラム」とは、言葉の文字順を並べ替えて違う言葉を
つくる遊びです。同じように、**ビジネスも順番が変わると意
味が変わります**。

　たとえば、**「商品を買う」というプロセス**を見てみましょ
う。

　通常、お店には商品が置いてあり、顧客がそれを購入しま
す。しかし、このやり方だと売れ残りが出たり、商品が廃棄
されることが問題になっています。そこで、顧客から注文が
入ってから商品をつくり、お渡しする方式に変えるとどうな
るでしょうか。

**「売る」と「つくる」の順番を逆にすることで在庫がなくな
り、廃棄物も減ります。**

　注文を受けてからつくるために、カスタマイズも可能にな
り、このアプローチによって、持続可能なビジネスモデルに
転換できる可能性があります。

　しかも、先に資金が入るため事業の運営もスムーズになり、
経営者も経営がしやすくなります。

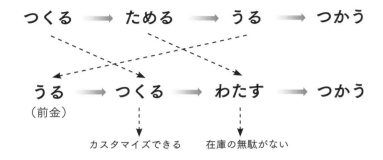

つくる　→　ためる　→　うる　→　つかう

うる　→　つくる　→　わたす　→　つかう
（前金）

カスタマイズできる　　在庫の無駄がない

**自動車業界や住宅、アパレルなど、様々な分野で商品や
サービスの提供プロセスの順番が変化しています。**

　たとえば、洋服では、オンラインで予約注文が入ってから
商品を製造する仕組みも出始めています。

　そのほか、クラウドファンディングのように「賛同（お金）
が集まったらつくる」、ファッションサブスクのように「服
を借りて気に入ったら買う」など、**順番が変わることでビジ
ネスモデルが変化した例はたくさんあります。**

WORK ‥‥‥‥‥‥‥‥‥‥‥‥‥‥‥‥‥‥‥‥‥‥‥‥‥‥‥‥
自分のビジネスプロセス（順番）を変えてみましょう。そこ
から生まれるメリットに気づけば、新しいアイデアが生まれ
ます。

例題
—
05

パオやサバンナの家と現代日本の家の違いは？

　2018年、私は東アフリカ・ケニアのマーラ・トライアングル国立保護区の広大なサバンナを訪ねました。そこで、地元の人が住む家を案内してもらいました。その家の壁は牛の糞でつくられ、小さくても多くの人が住み、寝起きを共にしているそうです。

　また、養老孟司さんと隈研吾さんの対談集『日本人はどう住まうべきか？』では、モンゴルのパオ（移動式住宅）とアフリカ・サバンナの家についても触れられています。彼らによると、パオやサバンナの家は、住まいの役割が現代人のそれとは違っているというのです。

　パオやサバンナの家と現在の私たちの家は、どのような違いがあるのでしょうか？

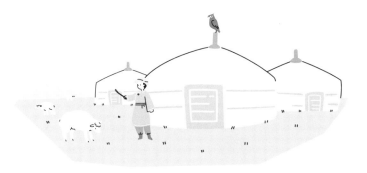

解答例
一
05

パオやサバンナは「家そのものが公共空間」

**現代の私たちにとってはプライバシーを守ってくれるはず
の家が、モンゴルのパオやアフリカのサバンナの場合は「家
そのものが公共の場」になっている**そうです。

夜間の外敵から身を守るため、人々が集まり固まり、家が
公共空間化した結果、個人の生活やプライベートな営みは家
の外で展開されています。

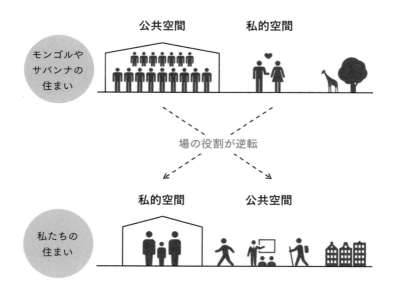

はるか昔、類人猿などは安全な眠りを確保するために木の
上を選んだとされています。ということは、プライバシーよ
りも**「安全のための公共空間」が家の原点**である可能性があ
ると言えるでしょう。

🧠思考のポイント 役割を反転させる

　パオやサバンナの家と現代の家では、内と外の役割がまるで入れ替わったようですね。

　実は私たちの身の回りでもこのような役割の反転が起きています。

　たとえば、在宅勤務ができる人にとっては、家の中が働く場所となりました。そこで、多くの人が、デスクやイスを買って家での仕事を快適にしました。

　さらに高齢世帯では、子どもが巣立った後の空き部屋をカフェやギャラリーに変え、地域に開放する「家開き」が増えています。**私的空間の一部が公共空間化されている**のです。

　また**その逆で、公共空間が私的空間になっていく例もたくさん見られます。**

　たとえば、新幹線では電話やオンライン会議ができる車両も登場しましたし、広い芝生のある公園では、レジャーシートやポップアップテントを利用して、家族がプライベートな空間を楽しんでいます。

　例題1でも触れましたが、ポップアップテントは、子ども連れの方が日よけに利用したり、家族みんなでお昼寝やランチを楽しむなど、プライベート空間化を実現しているようです。

これらの背景には、**モバイル技術や情報通信技術の進化**が大きく関わっています。

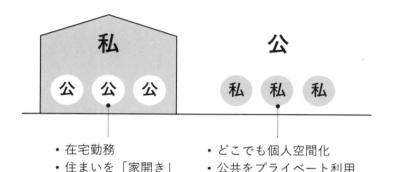

・在宅勤務
・住まいを「家開き」

・どこでも個人空間化
・公共をプライベート利用

「いつでもどこでも」が学びの場にも

1979年にソニーの「ウォークマン（ポータブル音楽プレーヤー）」が登場して以来、どこでも音楽が聴けるようになりました。

今では、インターネットにつなげば、相手がどこにいても個人的な会話などを楽しめます。さらには、スマホさえあればあらゆる用事ができてしまいます。

私たちは**今、「いつでもどこでも」自分だけの空間を持ち歩ける**ようになったのです。

実はモバイル技術や情報通信技術の普及は、学びの場にも

変化をもたらしています。

　昔は学校で先生の授業を受け、宿題は家に持ち帰っていました。しかし、予備校でカリスマ講師のビデオ学習が始まった頃から、「教え方が一番上手な先生から学びたい」という価値観が生まれました。

　今では学びたい人は自宅でオンライン学習をし、宿題のような応用問題は仲間が集まる教室で一緒にやるというスタイルが生まれています。

　これは学校と自宅の役割が逆転した例と言えるでしょう。

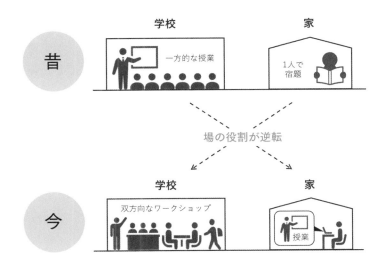

　先に在宅勤務に触れましたが、オフィスにも役割反転の可能性がありそうです。

　たとえば、自宅で仕事をするようになったので、オフィス

ではプライベート色を高めていくというアイデアです。

　企業が従業員に「個室で仕事ができるスペース」「ペット同伴がOKなデスク」「趣味を楽しめる休憩スペース」「休日に友人と打ち合わせができる会議室」など、私的空間の居心地のよさを提供します。そんな個人のパフォーマンスを最大化しながら、個性派人材を集める未来の会社などはどうでしょうか。

　スマホのような技術が進むことで、私たちはどこにいてもいろいろなことができるようになりました。
この「どこでも何でもできる」時代だからこそ、今までのやり方を見直して、これからの働き方に備えることも大切です。

WORK ....

身近な空間、気になる都市の機能で、プライベートとパブリックの入れ替えを試してみましょう。そんな中で新しいビジネスのアイデアが生まれてくるかもしれません。

例題
—
06
片づけを手伝わないこんまりさんへの
満足度が高いのはなぜ？

　2019年にネットフリックスで公開された『KONMARI〜
人生がときめく片づけの魔法〜』は、片づけコンサルタント
の近藤麻理絵（こんまり）さんがアメリカ人宅を訪れ、片づ
けのレッスンをする番組です。

　この番組で描かれたのは、広いアメリカの住まい、大きな
クローゼットに押し込まれた膨大な衣類や靴、そして、それ
らの収納が難しい状態です。

　番組では、こんまりさんのアドバイスにより、住人が自分
で片づけを進めていく様子が描かれます。でも驚くべきこと
に、こんまりさんは片づけには直接手を出しません。それな
のに、住人はこんまりさんのアドバイスに満足しているよう
です。

　片づけには手を出さず、手伝ってくれないこんまりさんへ
の満足度が高いのはなぜでしょうか？

解答例
06

住人が自分の「マインド」まで
整理できるから

「片づけ」の理想は人それぞれ。

　そんな中、こんまりさんの番組から明らかなのは、「自宅で心地よく過ごしたい」というニーズがあることでした。片づけは、くつろぎの空間や充実した時間、人間関係をつくる手段なのです。

「モヤモヤする」や「イヤな思い出」、「家族とのすれ違い」といった負のマインドも一緒に片づけていくから、感動や満足が人々に無限に広がっていくのでしょう。

💡思考のポイント **主役を入れかえる**

　通常の掃除サービスでは、プロが掃除をし、住人がそのサービスを評価します。

　一方、こんまりさんのメソッドは、片づけや掃除を実行する「主役」は住人、こんまりさんはアドバイザーとして「脇役」に徹します。

　すると、片づけの途中でパートナーとの関係が改善したり、忘れていた思い出がよみがえったり、本当に求めていることにだんだんと気づいていく。住人はそんな体験を同時に得られるのです。

　真の「主役」は住人自身。片づけが人生を豊かにする価値は、100点ではなく1万点に匹敵するかもしれません。

プロの
掃除サービス

こんまりさんの
片づけメソッド

やってもらう

自分の力でやってみる

完了後

完了後

100点満点中、
80点！
まあまあ満足かな

まさか、こんなに
なるんて！

人生が変わった
満足度1万点！

※サービスを評価している

※自分たちを評価している

　たとえば、デアゴスティーニが出しているようなモデル
キットは、ユーザーが主役となる例です。既製品のモデルを
買うだけでは主導権がメーカー側にあります。しかし、デア
ゴスティーニの商品には、ユーザーが自分で組み立てる楽し
さや解説による知識の向上があります。ユーザーがつくり手
に、つまり主役になることで感じる満足感があるのです。

WORK ....
ユーザーに「自分でやってみる」機会を積極的に提供して、
ユーザーを主役にしているような商品やサービスを見つけて
みましょう。

chapter 02

全体を俯瞰する目を持とう

　この章では、ひとつの事象にとどまらず、周囲との関係を俯瞰することで、新たな関連性を見つけ出す思考について焦点を当てます。

　全体像をつかむためには、マップやチャートなどのダイアグラムを使うと考えやすくなります。つまり、図に表すことです。

　身近な例題から始め、徐々に時間の幅や視界を広げることで、思考に厚みをつけていくように書きました。

　周囲を俯瞰する目を持てば、ひらめきから生まれたアイデアが大きな意味と輝きを持ち、アイデアを組み立てていく軸が見つかっていくでしょう。

例題
—
07

質のよい睡眠を得るための基本は？

近年、睡眠の質にこだわる方が増えています。

睡眠不足は健康や仕事・学習の効率に悪影響を及ぼします。

特に日本人は睡眠時間が短い国民です。

2020 年前後における日本の快眠のための寝具やサプリメント市場は 1.2 兆円を超え、今後も拡大が見込まれます。

さらに、情報通信や AI（人工知能）の技術により「スリープテック」と呼ばれる分野が登場し、個人の睡眠状態の分析から改善のアドバイスまで提供されています。睡眠とゲームを組み合わせた『ポケモンスリープ』などのアプリも登場していますね。

質のよい睡眠を得るには「十分な時間」「眠りの深さ」「途中で起きない」「気持ちのよい目覚め」などが重要ですが、その基本は何でしょうか？

解答例 07 1日を通じたバランスのよい生活

人によって様々だとは思いますが、**よい睡眠を得るには、眠っている時間だけでなく、生活全体のバランスや生体リズムの調整が重要**です。

たとえば、人はメラトニンの分泌がよいと眠りやすくなります。そのメラトニンは日中に浴びた光の量に左右されます。そのため、朝の日光浴はとても有効です。そして、朝に筋力トレーニングを行うとコルチゾールが分泌され、特に午前中に運動するとよく眠れるようになると言われます。

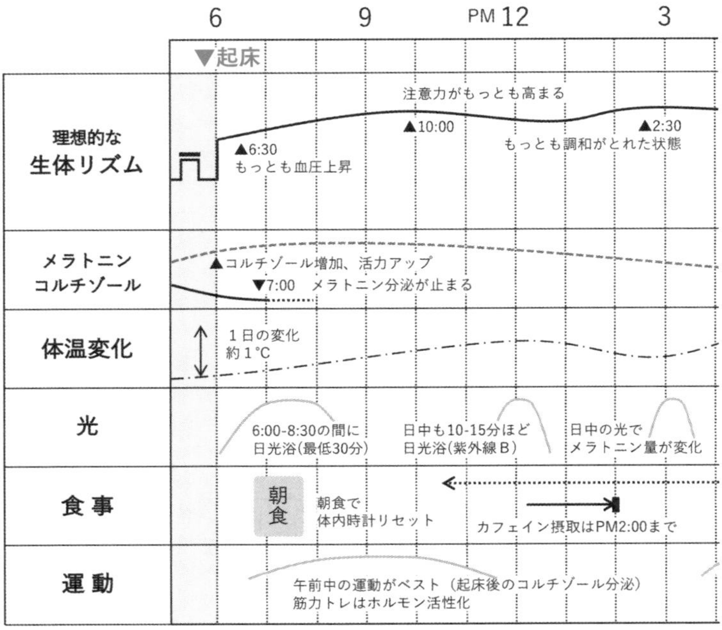

　就寝前は体温を下げると眠りやすいため、入浴は眠る２時間前までがベストとのこと。また、朝食は体内時計をリセットする効果があるそうです。

💡思考のポイント **１日の時間マップを描く**

　このように、よい睡眠には様々な要素が関わります。私が過去に睡眠プロジェクトに参画したときにまとめた**「時間マップ」**では、睡眠に影響する要素を時間ごとに整理しました。

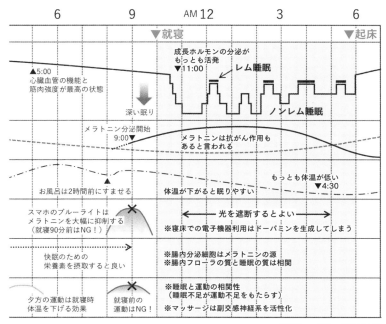

「時間マップ」（筆者作成）

1日の時間と生活には繰り返されるパターンがあり、「時間マップ」はこれを可視化し、見逃していたニーズや異なる要素を把握しやすくします。

　たとえば、朝は目覚めをよくするために日光と明るめの照明を浴び、朝食で体内時計をリセットし、通勤・通学時には長めのウォーキングを取り入れます。

　コーヒーは午後2時までにし、お風呂は就寝の2時間前までに済ませ、スマホやパソコン、テレビをオフにして、暖色系の灯りで読書しながら眠りの準備をします。

　この「時間マップ」をもとに、よい睡眠を生む1日のストーリーを提案しました。

WORK ……………………………………………………………………………

あなたのアイデアが顧客の1日の中で、いつ活用されるのか考えてみましょう。そして、それ以外の時間に何が起きているかも、「時間マップ」に書き出してみましょう。アイデアが整理され、より具体的になっていきます。

例題
08

人生100年時代は
何歳まで働くのが望ましい?

イギリスの学者リンダ・グラットンが2016年に書いた本『LIFE SHIFT 100年時代の人生戦略』がベストセラーとなり、「人生100年時代」という言葉が一気に広まりました。

人間の寿命は今後ますます延びることが予想され、再生医療やゲノム治療、不老に関する研究などの医療技術の進展は目覚ましいものがあります。

「人間は120歳まで生きられる」と主張する学者もいます。

定年退職の年齢も引き上げられ、将来的には70歳まで延びるかもしれません。

長くなる一方の働く期間ですが、人生100年時代においては何歳まで働くことが、社会にとっても個人にとっても望ましいと考えますか?

「75歳」が標準値になっていく

　実はこの例題、明確な解答があるわけではありません。ここでは私流の仮説づくりをご紹介したいと思います。

　まず、昭和のライフコースを振り返りましょう。
　ライフコースとは、人の一生を家族や職業、住まいなどの経歴でまとめたものです。昭和生まれの人は大学卒業後に就職、結婚、子育て、そしてマイホームを持つことが人生のゴールのように見なされていました。

昭和時代のライフコース

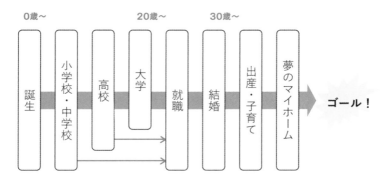

　ところが現在、晩婚や独身を選ぶ人、フリーランス、経営者、定年がなくいつまでも社会で活躍する人などが増え、過去のステレオタイプなライフコースは崩れてきました。もはやマイホームを持つことは共通の夢ではないのです。

　人生100年を図に表すと、定年60歳では残り40年間が年金暮らし＆隠居暮らしとなり、健康面や財政面でもバランスが悪く感じられます。

　一方、**定年を75歳とするなら、50歳を折り返し点とし、働く期間を前半と後半に分け、体力を活かし経験を積む前半期と、知識を活かし経験を共有する後半期に分ける**アイデアが浮かびます。

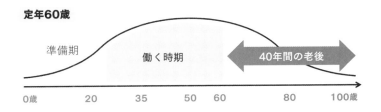

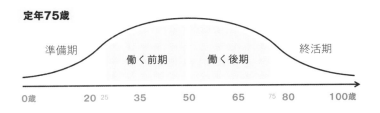

　体の生理的な変化が多い50歳は、人生の折り返し地点とも言えます。企業では50代後半で役職定年が迫り、役割が変わることもあります。50歳は残りの人生に向き合うのによい時期で、前半と後半で働く意義や目標が変わることも。

　年金問題から定年の年齢が議論されるのではなく、人生

100年視点から素直に考え、**バランスのよいライフコースを設計していくことが必要**なのでしょう。

💡思考のポイント 一生の流れをビジュアル化する

　人生には、「誕生」と「死」、「成長」と「衰退」という対称的な要素があります。「誕生」するときと「死ぬ」ときを考えると、人生の意味を深く考えさせられますね。

　人生の軌跡に意味を見つけ出すワークについて書かれた、グードルン・ブルクハルト著『バイオグラフィー・ワーク入門』を参考にして、人生を右ページのような円で表してみました。

　まず、生まれてからの7年間は体の成長が中心。次の7年間は感情の発達、14歳からは自分のアイデンティティを築き、精神的に自立して大人になっていきます。

　この7年ごとのサイクルで見ると、21歳が成人の節目ですが、最近は寿命が延びたり、大学などの学びの時間が長くなっていることから、ここでは**社会人のスタートを25歳**としてみました。

　25歳で仕事を始めて、50歳で人生の真ん中に差しかかり、75歳まで働き続けると考えてみてください。

　50歳はこれまでの仕事を棚卸ししながら、これからどう進むべきかを考える、人生後半戦のスタート地点のようなものです。

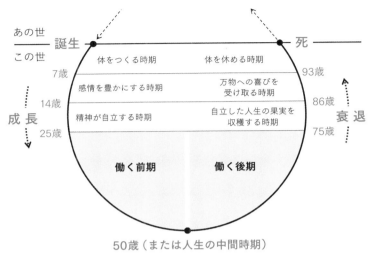

あの世
この世
誕生

体をつくる時期
7歳
感情を豊かにする時期
14歳
精神が自立する時期
25歳

働く前期

体を休める時期
93歳
万物への喜びを
受け取る時期
86歳
自立した人生の果実を
収穫する時期
75歳

働く後期

死

成 長

衰 退

50歳（または人生の中間時期）

世界は消齢化している

　世界は「高齢化」していると言われますが、同時に「消齢<ruby>化<rt>か</rt></ruby>」<ruby>化<rt>しょうれい</rt></ruby>」という現象も起きています。これは博報堂生活総合研究所が名づけたもので、年齢や世代による価値観やライフスタイルの違いが以前よりなくなっていることを示します。

　仕事に対する考え方にも、この「消齢化」という流れが見られるようです。

　私は**働く目的を「ジョブ」「キャリア」「コーリング」の3つに分類して考える**ことがよくあります。これらはイェール大学のエイミー・レズネフスキー教授が1997年に行った研

究で明らかになった３つの仕事観です。

　多くの人は最初は収入を得るために働き**（ジョブ）**、その後自分の地位や名誉を高めて**キャリア**を築き、最終的には自分の情熱を追求して社会に貢献する**（コーリング〈天職〉）**段階に進みます。

　たとえば、お医者さんなら、まずは収入のために働く「ジョブ」に始まり、患者さんの健康を守るために勉強と経験を重ね、質の高い医療が提供できる「キャリア」を築いていきます。

　そして、誰もが安心して治療が受けられるよう貧しい地域で働くなどして、人々の生活を改善することを自分のミッションとするなら、それは「コーリング」となるでしょう。

　同じ職業の中にこれらの３つの価値観は共存していると言えます。

「コーリング」はその人にとっての「天職」ですから、給与や収入を超えたものです。「働くこと」から引退しても、ボランティア活動や本の執筆、学び直しや興味のあるテーマの研究など、いつまでも活動できるはずです。

　社会で活躍されるシニア世代を見て感じるのは、子どものように天真爛漫な方が多いこと。私の祖父母や恩師もそのような人でした。

　これらの観察から、75歳以降の人生を、子ども時代の成長と対称的に、人生をゆっくり味わい尽くしながら死に向かって進む時間として位置づけました。

Calling
神様が自分に
期待する天職

Career
様々な仕事の経験、地位、名誉

Job Job Job Job Job

お金を稼ぐ仕事、専門作業

人生の流れ

　このように一生をビジュアル化して見てみると、100 年時代の「人生の循環」と「働く」ということの価値観を、社会ビジョンとして考えることができます。

　生涯を通じた顧客と企業の利益関係を**「顧客生涯価値（ライフタイムバリュー／ LTV)」**と言いますが、衣食住、教育、医療、エネルギー、交通、金融、エンターテインメントなど、あらゆるビジネスにとって、「長期的な関係」は重要な戦略です。

顧客の一生をイメージしながら、アイデアを組み立ててい
きましょう。

健康、学び、財産、家族など、理想的な一生の流れを考えて
みましょう。あくまでも自分の意見でかまいません。長期視
点が養われます。

例題
─
09　昔の家事は現在、何に変化した？

　西岸良平氏の漫画を実写映画化した『ALLWAYS 三丁目
の夕日』（2005 年公開）は、高度成長に沸く 1958 年（昭
和 33 年）の日本を舞台にした物語です。

　東京の下町で暮らす人々。中でも自動車修理店「鈴木オー
ト」の暮らしぶりは当時の生活がよく再現されていて、その
「鈴木オート」にある日、電気冷蔵庫（現在の冷蔵庫）がやっ
てくるシーンが登場します。
　新しい家電に大はしゃぎする家族、うなだれる氷屋の主人。
以前の冷蔵庫は氷で冷やしていたのですが、それが電気冷蔵
庫にとって変わった瞬間でした。

　新しいモノと同時に無くなっていくモノ、その変化は世の
常ですが、とりわけ「無くなっていった家事」を考えると
「裁縫」や「魚をさばく」は一般の家庭では見かけなくなり
ました。このような昔の家事は何にとって変わったのでしょ
うか？

「裁縫」はファストファッションへ 「魚をさばく」はスーパーの切り身へ

　昔は古くなった服をおむつや雑巾（ぞうきん）にするなど、家庭で日常的に「リペア」や「リユース」が行われていました。しかし、ファストファッションが普及し、服が手軽に手に入ることから、服の穴を修繕する習慣はなくなりました。

　「魚をさばく」も同様です。スーパーで程よいサイズにカットされた切り身は調理がラクで便利ですし、1人暮らしなど、家族規模が小さくなったことも影響しています。

思考のポイント 生まれ変わりをチャート化する

　一方、今でも続いている「無くならない家事」もあります。「掃除」「洗濯」は家電が進化しても多くの家庭で行われています。オンラインショッピングで「買い物」の形は変わりましたが、「買い物」そのものは増えています。そのほか、「換気扇の清掃」「エアコンや空気清浄機のフィルターの交換」「ゴミ出し」なども「無くならない家事」の代表です。

　このように、「無くなっていった家事」「無くならない家事」の2軸で整理してみると、それぞれの家事がその後、どうなっていったのかに視点を移すことができるようになります。

　「無くなっていった家事」の後、今度は新たに生まれてきた家事を2つの視点で書き出してみましょう。

　まずは「ワクワクしながらやりたくなる家事」です。たと

えば、植物に触れ、育てることでセラピー効果を生む「ガーデニング」や「家庭菜園」。

　男性に多い「趣味的な調理」。「魚をさばく」は日常から無くなっても、「趣味的な調理」として、今でも健在です。「フリマなど不用品を出す」も新しい家事の一種とも言えます。

　一方、新たに生まれてきた家事の中で、**「やらなければならない家事」**を考えてみましょう。

　たとえば、将来設計の基礎となる**「資産運用」**。少子高齢化で、資産の運用責任が重く個人にのしかかる時代になりました。同様に**「子どもの見守り」**や**「子どもの教育・進路」**、**「家族の健康管理」**、**「医療・介護」**も難しいけれど避けられない家事です（本書では、育児も家事に含めてみました）。

　では、「無くなっていった家事」の対極である「無くならない家事」のその先も見てみましょう。

　まずは「無くならないけど、やりたいものに変化する家事」。

　たとえば、**「洗濯」**や**「掃除」**の時間は無心になりやすく、人によっては瞑想に近い状態となり、頭の中をスッキリさせる効果があります。「断捨離」はその代表例ですね。

「洗濯」や「掃除」は適度な運動にもなりますから、工夫次第で「やりたいもの」へのポジティブな転換が可能です。

「ペットの世話と散歩」も同様です。米国疾病管理予防センター（CDC）によると、ペットには「運動や外出して社会交流を行う機会が増える」など健康以上の効果があるそうです。

最後に、「無くならない家事」で、今後も「あまりやりた
くない」「できれば簡単にしたい」といった家事はたくさん
あります。

過　去		現　在	未　来

新しく楽しい家事
ガーデニング、菜園、
趣味的調理、フリマ…

無くなっていった家事
裁縫、着付、餅つき、薪割り…

増えた家事
資産運用、見守り、
教育、健康管理…

価値を見直す家事
気分転換的な家事、
断捨離、エシカル…

無くならない家事
掃除、洗濯、調理、買物、育児、ゴミ出し…

簡易化したい家事
掃除、洗濯、調理、
買物、ゴミ出し…

　以上、家事の生まれ変わりをチャート化して、未来の家事
タイプを4つほど抽出してみました。
　このように、**全体をチャートで構造化できると、見落とし
ていた変化や新しい領域が見えやすくなり、「なぜそう考え
たのか」の理由もつけやすくなります**。これは、アイデアを
繰り返し生み出すのに役立つ考え方です。

WORK ....
仕事や製品、習慣やイベントなどから好きなテーマを選んで、
その生まれ変わりをチャート化してみましょう。大局的な変
化の分析力を高めるトレーニングになるでしょう。

例題
—
10

制度的なサイクルは何年周期？

　政治・経済・安全保障の分析で「影のCIA」の異名を持つ地政学者のジョージ・フリードマンは、**「アメリカには制度的な変化に一定のサイクルがある」**と述べています。

　制度的な変化とは政府の制度や政策に関わる大きな変化のことで、たとえばニューディール政策（経済復興の策）、金融制度改革、医療制度改革など、政府のあり方に関係するものです。

　このサイクルはアメリカだけでなく、日本、フランス、イタリアにも共通すると思われ、その大きな要因は「戦争」であることがわかっています。

　さて、フリードマンの提唱する制度的なサイクルは、具体的には何年周期でしょうか？

＜ヒント＞
1783年　　アメリカ　独立戦争終了
1865年　　アメリカ　南北戦争終了
1945年　　第二次世界大戦　終結

解答例
一
10
80年周期

　フリードマンの**「制度的サイクル」**を他国にあてはめてみると、**アメリカだけでなく日本やフランスも80年ごとに大きな変化を経験していること**がわかります。

　80年周期の例として、日本では明治維新と第二次世界大戦の敗戦、フランスではフランス革命と第二帝政の終わりなどが挙げられます。

	アメリカ	日　本	フランス
1785年			
80年	独立戦争 終了（83） 合衆国憲法制定（87）	天明の大飢饉(82~88) 以後、有力藩の台頭	フランス革命勃発(89)
1865年			
80年	南北戦争 終結（65）	明治維新の始まり(68)	ナポレオン3世退位 第三共和政樹立（70）
1945年			
80年	第二次世界大戦 終戦	第二次世界大戦 終戦 日本　敗戦	第二次世界大戦 終戦
	COVID-19の流行(2020~)、ロシアのウクライナ侵攻(2022~)		
2025年			

グレートリセット　次の80年サイクルへ

　1945年以降、世界はグローバル経済へと突入していますから、各国の連動する動きはますます顕著になるでしょう。

　次の 80 年の節目（2025 年）は、2021 年のダボス会議のテーマとなった「グレートリセット」と呼ぶような変革が起こり得ます。

　さらに、フリードマンは 50 年の「社会経済的サイクル」についても分析しています。この分析によると、次の変化期が 2030 年頃と予測されています。先の**「制度的サイクル」の 2025 年と極めて近いことから、これまでにない混乱期が訪れる**のではと警鐘を鳴らします。

50年 {	第1	1783 − 1828	ワシントン周期
50年 {	第2	1828 − 1876	ジャクソン周期
50年 {	第3	1876 − 1929	ヘイズ周期
50年 {	第4	1932 − 1980	ルーズベルト周期
	第5	1980 − 2030	レーガン周期

『2020-2030　アメリカ大分断：危機の地政学』（ジョージ・フリードマン著）を元に作成。

🔍思考のポイント 周期をものさしにする

　私たちの生活観や仕事観からすれば、80 年、50 年は期間が長すぎると感じるかもしれません。

しかし、このような**大局観が未来を洞察する際には大切**です。
ましてやフリードマンが指摘する 2025 年から 2030 年とい
う節目は目と鼻の先の未来でもあるのです。たとえば、日
本においては明治維新（1868 年〜）、第二次世界大戦終戦
（1945 年）は、国の方向性や国民の価値観に大きな影響を与
えました。そして現在（2024 年〜）は、次の 80 年目にあた
ります。

　**未来の予測は難しいものの、たとえば、世界がグローバル
な視点からローカルへ、開発偏重から持続可能性へ、ベー
シックインカムなど新たな社会保障などは、将来のビジネス
にインパクトを与えるものと考えられます。**

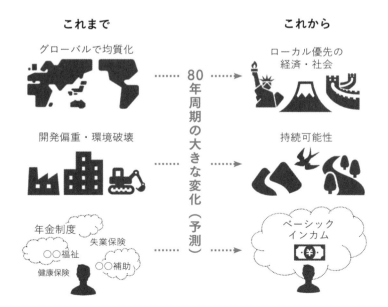

　周期説の妥当性は吟味しながらも、未来を洞察し、荒波に乗るための長期的なものさしとして活用すべきではないでしょうか。

WORK ....
80年という長いサイクルを理解し、その動向を注視しましょう。これが将来のビジネスにどう影響するかを考え続けることが、企画思考を高めていきます。

chapter 03

パターンを見つけよう

私たちを取り巻く世界には実に様々なパターン（型）があります。

小さな花、木の枝、山の輪郭、雲、銀河など、自然界には「同じ模様や形を繰り返す」というパターンがあります。

株価チャートにも一定のパターンがあると言われ、人がつくる装飾にも規則正しい文様があります。

昔から人間は、複雑なものを解きほぐして、単純なルールや秩序を見つけようとしてきました。

すでにあるものを知ることはもちろん、思考力を高めていくと自らパターンを見つけ出す能力も高められます。

アイデアを組み立てる際に、既存の「パターン」を活用することは思考の強力な助けとなります。

例題
11

自己実現が満たされたら終わり？

アメリカの心理学者、アブラハム・マズロー（1908-1970）が提唱した欲求5段階説「マズローの法則」は、誰もが見聞きしたことがあるでしょう。

これは人間の欲求をピラミッド状で分類したもので、「人は基本的な欲求が満たされると、より高いレベルの欲求を満たそうとする性質がある」と考えます。そして最終的には、ピラミッドの一番上の「自己実現」に向かって成長するとしています。

晩年のマズローは「自己実現」を超えた先に「自己超越」があるとも述べました。下から上へと上昇する「マズローの法則」は、上に到達すると人間の欲求は終わりなのでしょうか？

解答例 — 11

終わりではなく 「別の欲求段階」が始まる

「マズローの法則」 に沿って、20世紀の家電の進化を見ると、その始まりは1910年代、夜に安心・安全を提供した電球です。その後、洗濯機、掃除機、冷蔵庫、電気釜などが開発され、家事がラクになりました。1920年代にはラジオ、1950年代にはテレビが登場し、家庭で情報とエンターテインメントが楽しめるようになりました。

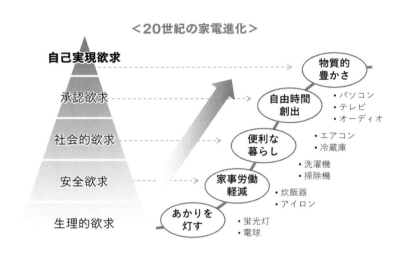

＜20世紀の家電進化＞

図のように、「マズローの法則」では、人間の欲求がピラミッド形式になっていますが、大切なのは**この法則がひとつのピラミッドに限定されない**という点です。

環境や条件の変化によって、人々の欲求は違うピラミッドに移り、最初の段階に戻る可能性があります。

今は、「物質的な豊かさ」や「生活のラクさ」は手に入りました。しかし、少子高齢化や年金・医療・介護の課題など、物質以外の新たな社会課題が出てきています。

21世紀になって、安全で環境に優しい生活、ITとオンライン技術の向上、個人、社会、そして地球が共生するという新しい目標が出てきました。つまり、**「マズローの法則」の新たなピラミッドが生まれた**のです。私たちはまた1から頂点に向かって成長しようとしているのです。

🔦思考のポイント マズローの欲求段階は繰り返す

「マズローの法則」を複数の波として描くことで、時代の流れに沿った変化がパッと見でわかるようになります。

たとえば、私がつくった次の図では、家電業界がこれから注力すべきテーマを、時代の流れに合わせた「第3の波」で

表しています。どの波も時代に応じた「安全欲求」「社会的欲求」「承認欲求」など様々な人の欲求を示しています。

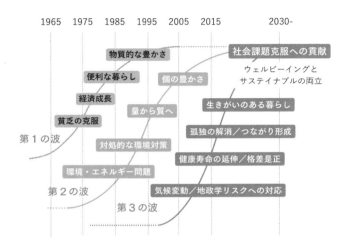

このように「マズローの法則」を利用して、知りたい分野の過去から未来にわたる動きやトレンドを整理します。すると、クライアントやチームに、提案したい内容の位置づけを明確に示せるため、アイデアを伝えやすくなります。

WORK ··

マズローの欲求段階を参考に、自分が関わる業界の「過去の動向」「現在の状況」「未来への期待」をまとめてみましょう。業界全体の方向性を見極めたり、自分のビジネスのヒントを得ることができます。

例題 12 — ATM化や自動チェックインの共通点は？

　日本で銀行のATMが普及し始めたのは1970年代。その頃はまだ、会社が社員に現金で給与を手渡していました。一説によれば、1968年に現金輸送車ごと奪われた「3億円事件」がきっかけになってATMが広まったと言われています。

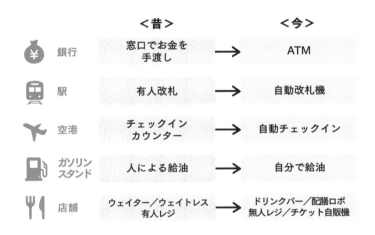

		＜昔＞		＜今＞
¥	銀行	窓口でお金を手渡し	→	ATM
🚃	駅	有人改札	→	自動改札機
✈	空港	チェックインカウンター	→	自動チェックイン
⛽	ガソリンスタンド	人による給油	→	自分で給油
🍴	店舗	ウェイター／ウェイトレス 有人レジ	→	ドリンクバー／配膳ロボ 無人レジ／チケット自販機

　銀行だけでなく、上記のようにあらゆるシーンで似たような変化が起きています。この変化からどのような共通点が導き出せるでしょうか？

すべてに「セルフ化の波」が訪れた

　今回は少し簡単な例題だったでしょうか。

　駅の改札は駅員による切符の改札パンチから自動改札機へ、空港は自動チェックインへ。ほとんどのガソリンスタンドはセルフ給油を採用し、ファミリーレストランに配膳ロボット、コンビニやスーパーマーケットにはセルフレジ。

　身の回りを見渡せば、街の多くのサービスは「セルフ化」に向かっていることに気がつきましたか?

　若い世代の人にとっては当たり前と思える「セルフ化」。

　この50年間にあらゆるものが「セルフ化」の波にのまれていったのです。言い換えれば、**社会サービスは必然的にさらに「セルフ化」に向かう**ということです。

💡思考のポイント 自動化とAI化がセルフ化を加速する

　もともと人が行っていたサービス業務は、小型化された業務用コンピュータ、お金や磁気カードを扱う現金精算機、給油機などに取って代わられました。つまり、サービスが自動化され、私たちが自分で操作できるようになりました。

　これらを利用するのは一般の人であり、銀行員や駅員といったプロではありませんから、「わかりやすさ」、「使いやすさ」が重視され、UI(ユーザー・インターフェイス)／UX(ユーザー・エクスペリエンス)の技術も同時に進化し

ていきました。

　以前の「自動化」は接客による人の触れ合いを減らし無味乾燥な状態でしたが、昨今のAIの進歩により、これからの**「自動化」はもっと私たちのパートナーのような役割に進化していく**でしょう。

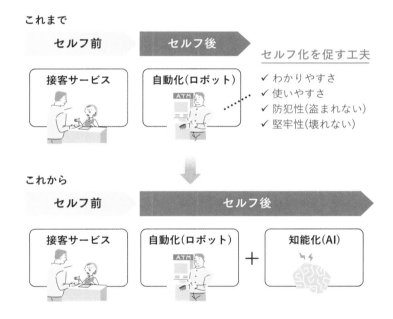

これまで

セルフ前　→　セルフ後

接客サービス　　自動化（ロボット）　ATM

セルフ化を促す工夫
✓ わかりやすさ
✓ 使いやすさ
✓ 防犯性（盗まれない）
✓ 堅牢性（壊れない）

これから

セルフ前　→　セルフ後

接客サービス　　自動化（ロボット）　ATM　＋　知能化（AI）

　たとえば医療では、自分でロボットとAIのサポートを受けながら、採血や健康データの収集を行い、AIが診断してくれるようになるかもしれません。

　介護でも、ロボットやAIを活用して自宅でのケアが可能

になるかもしれませんし、3D プリンターがあれば、専門家でなくても自分の家を設計・建築できる日が来るかもしれません。音楽も、AI を利用して誰でも作曲やアレンジを楽しめます。

　さらに、**AI には人間のような外見を持ち、自然に対話するデジタルヒューマン技術が組み込まれるようになる**でしょう。これにより、オフィスの受付や商品紹介、SNS でのインフルエンサー活動など、感情表現が豊かで自然な会話ができる AI アシスタントや AI コンシェルジュが活躍するようになるかもしれません。

　しかし、この「セルフ化」の流れに逆らう形で、**「人だからできる温かみのあるサービス」**や**「手間暇をあえて楽しむサービス」**なども実は有効です。
　たとえば、高級レストランの手厚いサービスのディナー、技術力の高い美容師によるヘアケア、有名スタイリストのパーソナルショッピングなど、「非セルフ化」のサービスもその希少性から注目されるようになるでしょう。

WORK ....
自分の周りで進行中のセルフ化は何でしょうか？　また、その変化がどのような影響を及ぼすか、未来を想像してみましょう。

74

例題
13
自動運転が普及したら、
タクシー料金はどうなる?

「自動運転」とは、車の操作などをコンピュータシステムが
自動でやってくれる技術です。

　特に自動車業界でこの技術は一気に進んでいます。アメリ
カの自動車技術者協会(SAE)によって、自動運転は6つ
の段階に分けられ、日本もこの分類に合わせています。

<自動運転のレベル分類>

レベル5	完全自動運転	自動運行装置が全てを代替
レベル4	自動運転/限定領域	特定の走行条件を満たす場所のみ
レベル3	条件付き自動運転	高速道路の自動パイロットなど
レベル2	運転支援	レベル1の組み合わせ
レベル1		自動ブレーキ、車輌追従など
レベル0	人による運転	

　ただし、もっとも高度なレベル5「完全自動運転」を実現
するには、まだ多くの課題が残っています。

　しかし、もし自動運転技術がタクシーに広く導入された場
合、将来的にタクシー料金はどのくらいになっていくでしょ
うか?

解答例
一
13

今の料金の「10分の1」

　一般社団法人全国ハイヤー・タクシー連合会によれば、2010年のタクシー料金の72.8%が運転手の人件費でした。

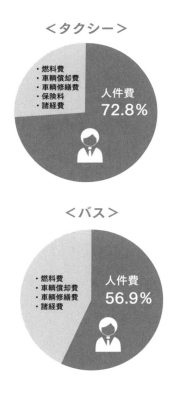

＜タクシー＞

・燃料費
・車輌償却費
・車輌修繕費
・保険料
・諸経費

人件費
72.8%

＜バス＞

・燃料費
・車輌償却費
・車輌修繕費
・諸経費

人件費
56.9%

　自動運転になれば、この人件費の約7割が削減できる可能性があり、タクシー料金は現在の3割程度になります。

　さらに、配車を効率的に行い、タクシーの稼働時間を長くすることで、稼働率を3倍に上げることができれば、**タクシー料金は理論上、現在の1割、つまり10分の1まで下がる可能性があります。**

　バスも同様に完全自動運転になれば、さらに安い運賃になるかもしれません。

💡思考のポイント 基本サービスは無料＆公共へと近づく

　インターネットが定額制で安くなったように、移動費用も将来的に安くなったり無料になったりするかもしれません。

　グーグルで検索すると、世界中の情報を無料で見られるのがいい例です。

　実際は広告収入などのビジネスモデルがあってこそ、無料利用ができるのですが、**移動サービスも将来的には無料＆公共サービスに近づく可能性があります。**

　たとえば、レストランを予約すれば、送迎車が送り迎えもしてくれるサービス。レストランに向かうときから接客サービスが始まり、帰りの車内では食事の満足度に関するフィードバックをして、次の予約も行えるようになります。

　飲酒運転の心配もなく、お店はお客様とのつながりが深まるので、こんな送迎サービスは、強力なマーケティングツールになるでしょう。

　また、病院を予約すると、自動運転車が迎えに来て、車内

で、AIが体温、血圧、心拍などを自動で計測してくれ、簡単な問診アンケートに答えることで、医師の診断に役立つ情報を事前に準備できます。このように、**既存サービスと移動サービスには無限の組み合わせがありそうです。**

　基本的な移動サービスが、無料になったり公共サービスになったりすると、もうビジネスにはならないと考えてしまいそうですが、実際にはビジネスチャンスはたくさんあります。

　飛行機のチケットみたいに、同じニューヨークへ行くのでも、ファーストクラスやエコノミークラスで価格が違うように、サービス内容によって差別化を図れるようになります。

 東京↔ニューヨーク　往復運賃（参考値）

ファースト クラス	ビジネス クラス	エコノミー クラス	格安 チケット
約160万円 （直行便）	約80万円 （直行便）	約25万円 （直行便）	約13万円 （経由便）

どの値段でも移動する基本機能は同じ

　私たちが手にするミネラルウォーターもそうです。500mlボトルをコンビニで買うと100円前後、自宅で飲める水道水は500mlでは0.1円程度。

　この価格差はとても大きなヒントです。基本サービスが無料や公共的になっても、それにプラスした価値で新しいサービスが生まれることがわかります。

✐**WORK** ···

自動化や AI 化による「無料化」は避けられない流れです。この流れを踏まえ、付加価値のあるアイデアづくりを心がけましょう。

chapter 04

新しいバランスを見つけよう

　世界に存在する事象は「関係性」で成り立っています。

　同じ室温 20℃の部屋でも、夏は涼しく、冬は暖かく感じるように、身の回りの価値は相対的に変化します。

　生み出したアイデアがうまく活用できないときは、アイデアの周辺に着目し、関係性から見直していくといいでしょう。

　関係性を理解し、自分なりに昇華できれば、新たな世界観が生まれてきます。

例題
14

ヤマアラシのカップルの結末は？

　哲学者・ショーペンハウアーの「ヤマアラシの寓話」は、人間関係の難しさを象徴的に表しています。

　この話は、テレビアニメ『新世紀エヴァンゲリオン』に登場し、若い人たちにも知られるようになりました。

　次のような話です。「ある冬の雪山。寒さに凍えたヤマアラシのカップルが暖め合うために近づくと、自分たちのトゲでお互いを傷つけてしまうことに気がつく。離れると再び寒さで凍える。近づいては傷つき、離れては凍えることを何度も繰り返す……」

寒さに凍えた
ヤマアラシのカップル

暖めようと近づくも
お互いのトゲで相手を
傷つけてしまう

イタイ！　　　　　イタイ！

　この後、ヤマアラシのカップルはどのような結末を迎えるのでしょうか？

解答例
14

傷つけず暖め合う「適度な距離」を
見つける

こちらも少し簡単な問題だったでしょうか。

この話の中で、ヤマアラシのカップルは近づいては傷つき、
離れては凍えるという経験を繰り返すことで、ようやく傷つ
け合わずに暖め合う距離を見つけ出しました。

ヤマアラシの適度な距離のトゲとトゲの間には空気の層が
でき、それによる保温効果で暖かさが増します。

傷つくのと凍えるのを何度か繰り返して、
傷つけずに、トゲとトゲの間の空気の層で暖め合える距離を見つける

あったかいね！

空気の層

この物語は**「どうしたら人間同士は傷つけ合わずに一緒に
暮らせるのか」**という心理的な葛藤を象徴しています。

これをアメリカの精神科医のレオポルド・ベラック博士
（1916-2002）は**「ヤマアラシのジレンマ」**と名づけました。

博士は「ヤマアラシのジレンマ」を乗り越えた先に、居心
地のよい世界が待っていると主張しています。

思考のポイント ヤマアラシのジレンマを越える

　ベラック博士によれば、「傷つく度合い」とは、人との関わりやメディア、コミュニケーションツールを通じた刺激の数、その強度、そしてそれがどれくらい続くかによって決まるとされています。

$$傷つく度合い = \underline{刺激の数} \times 強度 \times 持続$$

人間の行動や音・光・情報などの刺激

「ヤマアラシのジレンマ」を、結婚した子ども世帯と親の関係性で考えてみましょう。
　よく言う **「スープの冷めない距離」** は、家族が近くに住んでいるが同居はしていない **「近距離別居」** を指します。

「2世帯同居」 では同じ家で生活することで生じるストレスが多く、結果として「傷つく度合い」は大きくなります。

　一方、**「近距離別居」** はストレスが少なく、「傷つく度合い」は低下します。

「遠距離別居」 は、お互いの直接的な刺激が少なくなりますが、現代は電話や SNS でつながることが可能です。

刺激はほどほどにあり、持続は短い。これにより、「傷つく度合い」が少ない一方で、災害時や急な事故や病気の際などに駆けつけることが難しい不都合もあります。

	刺激の数	強度	持続	トゲの強さと暖かさ
2世帯同居	= 多 ×	強 ×	長 =	**大** + 助け合える
近距離別居	= 少 ×	強 ×	短 =	**中** + 助け合える
遠距離別居	= 少 ×	弱 ×	短 =	**小** + すぐには助け合えない

（関係強度が弱いため、暖め合えない）

　また、少し違いますが**「週末婚」**も、共働きでキャリアを重視する女性が増加する社会で、新しいライフスタイルとして現れました。

　平日はそれぞれの仕事や生活を優先し、週末だけを共に過ごすことで、快適な関係を保つ方法です。これは、互いにストレスを感じずに快適に過ごすための「ヤマアラシのジレンマ」の解決策のひとつです。

「ヤマアラシのジレンマ」を解消する
その他のビジネス

　独身者や外国人が共に暮らすシェアハウスは、全国に約5800棟、ベッド数は約6万床にのぼります（2023年一般社団法人日本シェアハウス連盟公表値を参考）。

　入居者間には「共有スペースの利用の仕方」「清掃やゴミ出し」「騒音」などのトラブルがあるようですが、これも人間関係の調整と考えれば「ヤマアラシのジレンマ」に当てはまりそうですね。

　さらに、ウーバー（タクシー）やエアビーアンドビー（ホテル）などのシェアリングサービスは、従来のサービス提供方法におけるストレス（たとえば、タクシー運転手に行き先を伝える手間や料金の支払い手続き）を減らす新しいビジネスモデルとも言えます。

　これらのサービスは、「ヤマアラシのジレンマ」にあたるストレスを最小限に抑え、お互いに利益をもたらす解決策を提供しています。

　このように、人々が互いに快適に共存するための方法はいろいろあります。

　それぞれの状況に応じて、**「ヤマアラシのジレンマ」を見つけ、IT や AI、ロボットなどでうまく解決し、バランスを**

とれれば、そこに新たなビジネスチャンスが生まれるという
事例です。

🖊️ **WORK** ···
自分の周りで感じる「ヤマアラシのジレンマ」、つまり人と
の距離が近すぎても遠すぎても問題が生じる状況を探してみ
てください。
そして、ちょうどよい距離感を見つけて、その問題をどう解
決できるかを考えてみます。

例題
15
日本以外で虹の色はいくつ？

　日本では虹を赤・橙（だいだい）・黄・緑・青・藍（あい）・紫の「7色」で表しますが、虹の色の数は国によって違いがあるそうです。

　日本以外の国では虹は何色あるでしょうか？

アメリカ、イギリスでは「6色」 ドイツ、ベルギーでは「5色」 アフリカの一部では「明・暗」

　国によって虹の色は違います。たとえば、万有引力を発見した物理学者アイザック・ニュートンが、虹を最初は5色、後に7色としたようです。

　7色になったのは「ドレミファソラシド」の7音にちなんだことが理由ですが、実際には虹と音階に関係はなく、欧米の色彩学者たちはニュートンの7色を否定しました。そして、6色が主流になっていったそうです。

　日本には7色のまま伝わり、変更されませんでした。

💡思考のポイント グラデーションで世界を見る

　虹のように、人間の多様性にもはっきりとした線はありません。今日、人々は「男性らしさ」や「女性らしさ」にとらわれず、服装や髪型、メイクを楽しむようになってきました。

　これは「ジェンダーレス」「ジェンダーフリー」と表現され、性別というひとつのカテゴリーに収まらない、人の多様な性の特徴を認めるものです。

　企業やサービス側は、そんな多様性を増す顧客に、どう向き合うのか。とても難しい問題です。

　カスタマイズやパーソナルと言えば聞こえはいいですが、すべての人に最適なものを届けるのは容易ではありません。

　仮に住宅やクルマ、靴などをカスタマイズする際も、基本

となる型が必要であり、それに修正を加える形で個別のニーズに応えます。

　この**基本型があって初めて、個人に合わせた多様な選択肢を提供できる**のです。

　さらに生物界の多様性に目を向けると、わかっているだけで約175万種の生物が存在し、その中には約6000種の哺乳類、約9000種の鳥類、約95万種の昆虫、約27万種の植物が含まれます。

　それに比べ人間はそこまで種類が多くないですよね。そこで、**人間の多様性は、体の違いではなく、心や考え方の違いで考えるべき**ではないでしょうか。

　人の体をひとつの「型」として、その上に精神というグラデーション状の多様性が輝く。先ほどの「ジェンダーレス／ジェンダーフリー」も同様です。

生物世界は
何百・何千種

人間は一種類

**精神世界は
何十億**

1人ひとりの精神のグラデーションに向き合うには、体はあくまでも「型」と考え、その上で顧客の様々なニーズに応えていかなくてはなりません。

　たとえば、iPhoneは誰が持っても同じですが、ケースなどのアクセサリーを変えることで、個人の好みに合わせることができます。スターバックスのドリンクも好みで味を調整でき、コンバースはシューズのカスタマイズを展開しています。

「型とグラデーション」により、製品やサービスは人々の様々な希望に応じる、幅広い可能性を持つようになります。

WORK ....

人気商品を分析して、いろいろな人のニーズに合わせられる柔軟な特徴と、みんなに共通して魅力的な特徴を見つけ出してみましょう。

例題
一
16

より「幸せ」になる方法とは？

　みんなが自分の「幸せ」や「ウェルビーイング」を願って
います。ここに疑問の余地はおそらくありませんよね。

　しかし、いざ「幸せって何？」と問われると、誰もが言葉
に詰まってしまうものです。幸せの中身は人それぞれ。そし
て、わかっているようでわからないものが「幸せ」ではない
でしょうか。

　より「幸せ」になる方法があるとすれば、それはどのよう
なものだと考えられますか？

「不幸せ」を減らせば、「幸せ」の比重が増す

みな「幸せ」になりたいと願いますが、「幸せ」は定量・定性でとらえることは難しいですよね。

そこで、「不幸せ」を減らすことに焦点を当ててみるのはどうでしょう？
「人間関係がうまくいかない」「病気になる」「大切なものを失う」などの「不幸せ」を少なくすることで、結果的に「幸せ」を増やす作戦です。

具体的には、**「幸せ」と「不幸せ」を分子と分母の関係で考えてみる**とよいでしょう。
分母の「不幸せ」が小さくなればなるほど、相対的に「幸せ」が高まることになります。
定義が難しい「幸せ」ではなく、定義しやすい「不幸せ」を減らすことに注力するという発想です。

💡思考のポイント 「増やす」と「減らす」の対比に着目する

「幸せ」は、「増やす」ことに価値があります。人生の喜びを満たしていくものが当てはまります。

一方の**「不幸せ」は、「減らす」ことに価値があります。**個人なら「病気」「ケガ」「人間関係の悩み」「経済的に厳し

い状況」などを減らしたいですし、企業なら「コスト減」「時間の節約」「エネルギー使用の効率化」「温室効果ガスの削減」などが目標になります。

増やしたいもの	快適	便利	夢・感動	時間や収入
減らしたいもの	必要経費コスト	エネルギー使用量	温室効果ガス	投入資源廃棄資源

　おなじみのグーグル、アップル、メタ、アマゾン、マイクロソフトなどは、私たちの暮らしやビジネスにおいて身近なIT企業であり、日常に欠かせない社会インフラの一部になったと言えるほどです。

**　こうした企業の成長において革命的だったのは、ユーザーの様々な手間を「減らす」点にありました。**

　アマゾンは、あらゆる商品がオンラインで手に入るプラットフォームを提供しています。

　利用者は商品を見つける手間や、配達までの時間や料金を減らし、これまで普通の店では見つけにくいニッチな商品にもアクセスできるようになり、購入の選択肢が増えました。

徹底的な「減らす」の上に、「増やす」の価値が乗っかるという絶妙なバランスです。

　グーグルであれば情報検索、アップルは手のひらのワンストップツール、メタは人とのつながり、マイクロソフトはビジネスソフトの手軽さを提供し、「減らす」領域を寡占化したことで、社会インフラと言っても不思議ではないほどの存在感を持つようになりました。

　これらの企業は、人々の「不幸せ」を減らしたことで、結果的に「幸せ」を増やしたことになります。

WORK ⋯⋯⋯⋯⋯⋯⋯⋯⋯⋯⋯⋯⋯⋯⋯⋯⋯⋯⋯⋯⋯⋯⋯⋯⋯⋯⋯
身の回りで「減らしたいな、無くしたいな」と思うものを見つける習慣を身につけましょう。
アイデア力の向上につながります。

例題
17

植物は周囲の光をどう感じる?

私たちは「可視光（かしこう）」と呼ばれる光を目でとらえることによって、周りの世界を見ることができます。可視光とは、人の目に見える色の光のことで、特に緑色の光にもっとも敏感です。

一方、紫外線や赤外線のような光は、人の目には見えません。

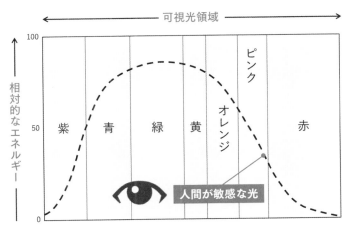

『自然は脈動する　ヴィクトル・シャウベルガーの驚くべき洞察』
（アリック・バーソロミュー著・野口正雄 訳）より複写、加筆

さて、自然に目を向けると、身近にある植物たちは周りの光をどのように感じているでしょうか?（ヒント:植物の葉は「緑色」）

「紫外線」と「赤外線」を見ている

　植物は、太陽からの光、特に紫外線や赤外線のエネルギー
をたくさん取り込んでいます。私たちの目に、葉が緑色に見
えるのは、その葉が緑の光を反射しているからなのです（つ
まり、葉は緑の光を吸収していない）。

　また、植物は人間とは異なる特殊な細胞を使って、朝や夜
を感じ取ることができます。

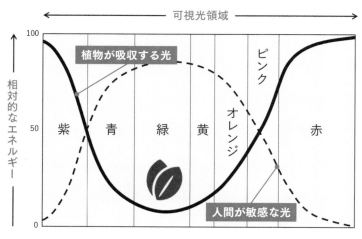

『自然は脈動する　ヴィクトル・シャウベルガーの驚くべき洞察』
（アリック・バーソロミュー著・野口正雄 訳）より複写、加筆

　『脳と森から学ぶ日本の未来』の著者、稲本 正 氏は「植物
の生き方は、まさに利他的以外の何物でもない高尚なレベル」
と説いています。

　考えてみれば、植物は太陽の光を効率よく利用するわけで

はなく、むしろ人間をはじめとする他の生物にその恵みを分け与えているのです。

🥄思考のポイント 植物ファーストで考える

植物と人間の関係は、一見すると正反対のように見えます。

しかし、たとえば、D・モントゴメリーとA・ビクレー著の『土と内臓』という本には、**人間の消化管が植物の根と似た機能を持っている**とも記述されています。

植物の根は、土の中の微生物の助けを借りて栄養を吸収します。同じように、人間の腸内では腸内細菌が食物を分解して、そこから栄養を得ます。根が土に向かって外向きに広がるのに対し、腸は体内に向かって内向きに広がります。

このように、広がり方は逆ですが、機能は似ているという面白い類似性があります。また、大気の外側に広がる葉と、体の内側に広がる肺（肺胞）も同じです。

土が肥えていると、そこで育つ食物は栄養が豊富になります。つまり、「よい土からはよい食物が得られる」という関係があり、よい食物とは人間にとっての恵みですから、人間と植物は**トレードオン**の間柄というわけです。

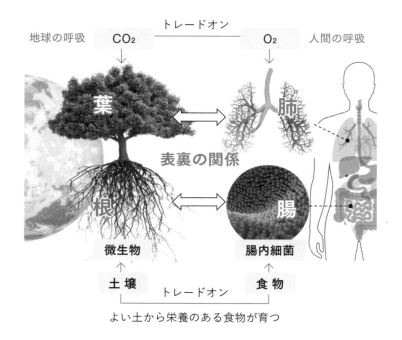

トレードオン

地球の呼吸　CO₂　————　O₂　人間の呼吸

葉　肺

表裏の関係

根　腸

微生物　腸内細菌

土壌　トレードオン　食物

よい土から栄養のある食物が育つ

　このように、**植物と人間が反転（表裏）の関係にあるということは、双方が互いにとって、なくてはならない存在であることの証**ではないでしょうか。

　産業革命以降、人間中心の社会が進んできましたが、それが今日の持続可能な開発（SDGs）に関連する多くの問題を生んでいます。

　このような状況の中で、植物と人間はお互い依存していて、実はよいパートナーだととらえ直すべきかもしれません。

業種によって異なる植物ファースト

たとえば、森林を焼いて行う焼畑農業は土壌改良というメリットはあるものの、植物が減ることで、地球温暖化や砂漠化のリスクが高まります。

土の健康と人間の健康を両立させたいなら、地球全体で土壌を回復させ、環境を守る取り組みが必要になります。

製品に自然由来の材料を使用する（家電メーカー）、**都市開発で緑化を進める**（森ビルみたいに）、**有機農法を強化する**（JA全農など）、**自然に優しい農薬の使用を広める**（アース製薬など）といった具合に、業種によって植物ファーストな考え方が求められます。結果的に、**植物ファーストが人間ファーストにつながる**のです。

植物と人間の関係は奥深いテーマです。今後は植物の効用を高めると同時に、人間による植物への影響を抑えるため、仮想空間での生態系シミュレーションや、衛星を用いた森林や土壌の監視へのニーズが増えるでしょう。

WORK ‥‥‥‥‥‥‥‥‥‥‥‥‥‥‥‥‥‥‥‥‥‥‥‥‥‥‥‥‥‥‥‥

植物と人間は互いに助け合う関係にあります。

植物、土壌、そして生態系全体にとって有益なことを、私たちのビジネスにどう取り入れることができるか、アイデアを考えてみましょう。

chapter 05

色メガネを外して世界を眺めよう

　丸い地球が当たり前になったのは、古代ギリシャの哲学者・アリストテレスが活躍した紀元前330年のこと。それまでは地球平面説が学者の間で信じられていたそうです。

　天動説が信じられていた17世紀、ガリレオは地動説を唱えたことで教会から非難され、有罪判決を受けました。

　自然科学の発展により、「間違った理解」は正しい知識に置き換えられていきます。しかし、人の「思い込み」が頑固であることは歴史が物語っています。

　この章では、普段の「思い込み」から離れて真実にピントを合わせていく、そんなヒントを集めてみました。

例題
—
18
マダニはどうやって動物を見つけている？

マダニは肉眼で見える大きなダニです。日本全国の草むらやヤブなどに生息し、動物を見つけたら飛び移って血を吸います。マダニを媒介する感染症もあることから、厚生労働省や地方自治体では注意を呼びかけています。

そんなマダニですが、そもそもマダニはどうやって動物を見つけるのでしょうか？

動物の「匂い」と「体温」を頼りに飛び移る

解答例
一
18

木に住むマダニは、動物が近くにいるのをわずかな匂いで感知します。動物の体温も感じ取り、位置を確かめたら、その動物の上に落ちて、毛が薄い場所を見つけて血を吸います。

マダニの近くを動物がいつも通るわけではないので、マダニは長期間食べずに生きられる特技を持っています。たとえば、ドイツの研究所には、18年も何も食べずに生存しているマダニがいたと報告されています。

💡思考のポイント 環世界を想像／創造する

このマダニの話は、ドイツの生物学者であり哲学者でもあったヤーコプ・フォン・ユクスキュル（1864-1944）が、自身の提唱する**「環世界（Umwelt／ウムベルト）」**の概念を説明するために使ったものです。

簡単に言うと、**「環世界」とは、あらゆる生物がそれぞれの知覚を通して世界をとらえている**という考えです。世界はひとつではなく、それぞれの生物によって異なる「世界」が存在します。

たとえば、人間は得られる情報の8割以上を視覚に頼っています。

犬であれば、嗅覚4割、聴覚3割、視覚1割が情報源。もちろん、受け取る情報の違いで世界の感じ方は異なるはずで

す。

　マダニは視覚や聴覚を持たない代わりに、嗅覚、触覚、温度感覚が非常に優れ、鼻と肌で世界を感じとっているのです。

　他に魚、鳥、カビ、菌など様々な生き物がそれぞれ独自の感覚で世界を認識しています。

人間

受け取る情報は、
視覚が8割以上

犬

嗅覚4割、聴覚3割、
視覚1割

マダニ

マダニの環世界は
「匂い」「温度」
「触った感じ」が中心

　一方、例題17で触れましたが、植物は人間には感知できない紫外線や赤外線をとらえる特殊なセンサーを持っています。これにより、太陽の動き、天気の変化、光の強さや方向を感じ取り、昼夜や季節を判断できるようです。

　実は、私たちが普段使っている機器も、動物や植物が持つ

センサーのような能力を取り入れつつあります。

　たとえば、最新のクルマには「暗闇でも物体を検知するカメラ」や「物体との距離を測るデバイス」「加速度や角度を測るデバイス」など、様々なセンサーが搭載されています。

　これらのセンサーが連携して、高度な運転支援機能が実現されています。このように、**機器に生物の感覚を模倣させることで、イノベーションのヒントが見つかる**かもしれません。

違う立場の視点が快適な世界をつくる

　ここでベビーカーの利用シーンを想像してみましょう。

　ベビーカーは、子どもの乗り心地と親の使いやすさが大切で、スムーズに走れる道が必要です。

　これまでのベビーカーは、乗り心地をよくする工夫がなされてきました。振動を吸収するタイヤやサスペンション、柔らかいシートや枕、太陽の照り返しを防ぐカバーなどがあります。

　しかし、**「環世界」の視点でベビーカーのセンサーを拡張できれば、より快適で安全な道の走行を実現できるかもしれません。**

　たとえば、ベビーカーのタイヤや車体に取り付けたセンサーで振動、方向、加速度を感知することで、ベビーカーの最適な道を見つけ出し、その情報を学習することができます。

　さらに、この走行データを車椅子の利用者や大きなキャ

リーバッグを持つ旅行者と共有すれば、誰もが快適な経路を見つけやすくなるでしょう。

　このように、**ビジネスの対象となるモノやコトを独自の生物のように見立て、その生物が棲む「環世界」から問題点を観察していくと、新しい課題解決の糸口が見えてきます。**

ベビーカーの
環世界情報

センシング

優しい道路のことは
ベビーカーがよく知っている

他のベビーカー、旅行者向けの
ナビゲーションにも役に立つ

　たとえば、デンマークの首都コペンハーゲンは、環境を守るために車の使用を減らし、自転車や公共交通機関への移行を進めてきました。

　そして、自転車を使う人が止まらずにスムーズに走れるよう、信号のタイミングが自転車のスピードに合わせて調整されています。これは、まるで自転車の**「環世界」から街を再設計**しているようなものです。

次に、将来の荷物運搬ロボットについて考えてみましょう。
　ロボットは人間と違い、暗がりや温度変化にも強いです。
もしロボット専用の通路が設けられれば、ロボットは地中を
移動するモグラのように、街や建物内を高速移動できるよう
になります。

　このように、**特定の対象や生物の視点から「環世界」を考
えることで、新しいアイデアや解決策を見つけられます。**

WORK ···
いろんな生物、身近なモノ、立場の違う人の「環世界」を、
日頃から思い巡らすといいでしょう。
新しいニーズや問題点を発見し、それらに対するユニークな
解決策やイノベーティブなアイデアを生み出すことができま
す。

例題
一
19
印象派の絵はなぜ明るく見える？

　欧米の美術館は時代順に展示室が続くので、観ているとまるで歴史の中を散策しているような気分になります。描かれた当時の様子をイメージしながら、作品の森を鑑賞するのは楽しいものです。

　美術館で、私の気持ちがもっとも高揚するのは「印象派」の部屋に足を踏み入れた瞬間。

　突然、パッと目の前が開け、これまでの時代とは異なる優しい明るさに包まれるからです。

「Water Lilies」Claude Monet, 1906

　ふわりとした空気感いっぱいの「印象派」ですが、なぜ印象派の絵は明るく見えるのでしょうか？

「目の中」で色を混ぜているから

1870年代、モネやルノワール、ドガ、セザンヌ、ピサロといった著名な芸術家たちによって「印象派」と呼ばれる画家集団が広く知られるようになりました。

通常、絵を描くときはパレットで絵の具を混ぜて色をつくり、キャンバスに塗るものですが、色を混ぜるとその色は暗くなり、黒に近づいてしまいます。
これは**「色の三原色」**という原理に基づくものです。

しかし、印象派の画家たちは、色を混ぜずに、絵の具をその原色のままキャンバス上に点描する**「筆触分割」**という技法を使いました。

この方法で絵を描くと、遠くから見ると、絵の具が目の中で混ざり合い、まるで光が混ざるように見えます。
これは**「光の三原色」の原理を利用していて、光を混ぜるほど白く明るく見える効果**を生み出します。

つまり、印象派の画家たちは、絵の具ではなく、「光」で絵を見せているようなものなのです。

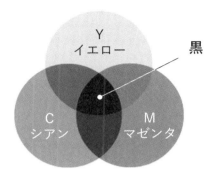

黒

色の三原色
絵の具は混ぜるほど黒くなる

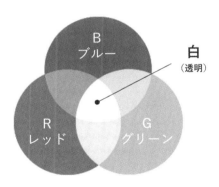

白
（透明）

光の三原色
光は混ぜるほど白くなる

　私はこの「印象派」の明るさ、軽やかさが大好きで、オルセー美術館やオランジュリー美術館に行って絵を見るたびに、色が目の中で混ざり合う技法に感動するのです。

思考のポイント 価値は「人の中」で生まれる

「睡蓮」で有名なモネは晩年、パリ近郊の田舎町ジヴェルニーに移り住み、自分でデザインした庭をつくります。

その場所で描かれたのが「睡蓮」の連作です。
この庭では毎日異なる「睡蓮」の花や池が目の前に広がり、モネはこれを描き続け、たくさんの「睡蓮」の作品が出来上がりました。

ある美術評論家は次のように言っています
「連作で描かれた『睡蓮』は並べて観るもの。前の絵が残像として目の網膜に残り、次の絵と混ざり合い、まるで水面に浮かぶ睡蓮がイキイキと息づくような体験ができる」
これが「睡蓮」の連作の鑑賞の仕方だというのです。

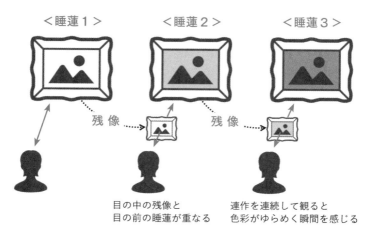

<睡蓮1>　　<睡蓮2>　　<睡蓮3>

残像　　残像

目の中の残像と
目の前の睡蓮が重なる

連作を連続して観ると
色彩がゆらめく瞬間を感じる

　こうした芸術は、ただ物を描くのではなく、**観る人と作品が一体となって、観る人の心の中で新たなイメージが生まれる**ことを示しています。

　アートの世界は常に今までの殻を破り、新しい表現方法を求めて進化しています。
　マティスやピカソ、カンディンスキー、デュシャンのような画家たちは、アートを通じて新しい視点や表現を開拓し、ただ外見を描くだけから、より深い「内面」を表現する方向へとイノベーションを進めました。

　ビジネスや問題解決において、創造性や芸術的なアプローチで考えることを**「アート思考」**と言い、従来の型にとらわれない自由な発想が期待されています。
　特に**現代アートの分野は、社会問題の解決アイデアを見出せるだけでなく、ビジネスの未来を先取りしている**ため、注目してみることをおすすめします。

物事の価値は人の心で変わる

　こうしたことを身近なシーンで考えるなら、「人気レストランは待ち時間が長い」という問題を「店の回転率アップ」で解決するのは「外面」の解決法です。
　一方、「レストランの待ち時間が楽しい時間に変わる」のは「内面」の解決法です。

実際、中国発のレストラン「海底撈火鍋」では、ネイルコーナーやキッズコーナーをつくって待ち時間を楽しいものにしています。また、ディズニーリゾートでも、アトラクションの待ち時間をキャラクターの演出で楽しいものに変えています。

　つまり、**物事の価値を人々の心の中から生み出そうとする視点**なのです。

WORK ....
あなたにとって心地よいと思える場所や体験は何ですか？
その心地よさ（内面）の理由を考えてみましょう。

例題 20

人類の脳が大きく進化したきっかけは？

およそ 500 万年前、アフリカに人類の祖先である猿人（アウストラロピテクス）が誕生し、その後、約 180 万年前に原人（ホモ・エレクトゥス）へ進化しました。

この時期から私たちの祖先の脳は大きく成長し始め、脳の容量は約 350cc から 1350cc へと増えました。

そして、約 20 万年前には脳の成長が止まったとされています。

脳がこれ以上大きくなると、赤ちゃんの頭が産道を通りにくくなり、出産時に母親に危険をもたらすためと言われています。

人類の脳がこのように大きく進化したきっかけは何だったのでしょうか？

解答例 20 火を使った「調理」

　人の脳が大きく進化した理由は諸説ありますが、『火の賜物—ヒトは料理で進化した』の著者リチャード・ランガム博士は、「料理することで、食べ物の消化・吸収がしやすくなり、多くのエネルギーを人間が摂取できるようになり、結果として人間の脳が大きくなった」と述べています。

　つまり、**食が人間の脳に影響した**というのです。

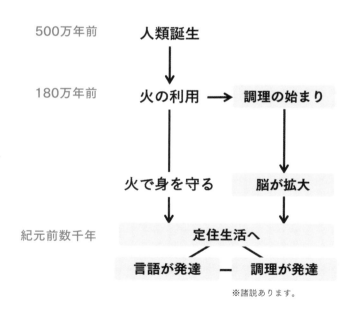

🔍思考のポイント 食のトレンドはいつも最先端

　経済学者のジャック・アタリ著の『食の歴史』によれば、食べ物のスタイルは権力の形や男女の社会的関係に大きく影響してきました。また、会食での議論は政治的にとても重要であったとされています。

　アメリカの元国務長官ヘンリー・キッシンジャーは1970年に「石油を支配する者は、国を支配する。食糧を支配する者は、人類を支配する」と語ったと言われているほど、**食はあらゆる面に大きな影響力を持ちます。**

　近代日本における缶詰工場は1877年に始まり、食品を持ち運びやすく長期保存ができるようになりました。

　以降、それまで手づくりだった食料の工場生産が始まり、「安価」かつ「大量」な食料供給がなされるようになりました。

　そして、現在は行きすぎた工業化、農薬や添加物の使用、遺伝子組み換え食品の技術が進む中で、「食品の安全性」が叫ばれるようになるなど、新たな負の側面も生じてきました。

　食品の流通では冷蔵・冷凍輸送がエネルギー消費に影響を与えています。

　このように、**「食を取り巻くトレンドはその時代のイノベーションを象徴する」**というのが私の持論です。

　近年、「所得の格差」による「食の格差」が広がっていま

す。収入の差が「栄養の格差」となり、「栄養の格差」が「健康の格差」「寿命の格差」につながります。

　共働きやひとり親、単身世帯の増加による孤独な食事、「孤食」も見逃せない問題です。**食は体の健康のみならず、心の健康にまで影響している**のではないでしょうか。

「ビヨンドミート」と呼ばれる植物由来代替肉や、栄養価の高い昆虫食など、新たな食の選択肢も注目されています。

　加えて、日本では食料自給率の向上、食の安全性の確保、食料品価格の安定を目指して、海外依存ではなく、国内で生産し国内で消費する「地産地消」もよく耳にするようになりました。
「フードロス（食品廃棄）」対策も活発化しています。また、アパレルや家具などの製造業にも、地場の資源や技術を活かし再利用まで考えた「地産地消」の動きが広がっています。

　以上、ほんの一例ですが、**「格差」「孤独」「代替」「地産地消」「フードロス」などは、食にとどまらない今の社会を代表するトピック**です。

✔**WORK** ………………………………………………………………
身近な食のトレンドを観察し、自分の業界にも当てはまる変化を見つけましょう。

このたびは飛鳥新社の本をご購入いただきありがとうございます。
今後の出版物の参考にさせていただきますので、以下の質問にお答え下さい。ご協力よろしくお願いいたします。

■ **この本を最初に何でお知りになりましたか**
1. 新聞広告（　　　　　　　　　新聞）
2. webサイトやSNSを見て（サイト名　　　　　　　　　　　　　）
3. 新聞・雑誌の紹介記事を読んで（紙・誌名　　　　　　　　　）
4. TV・ラジオで　5. 書店で実物を見て　6. 知人にすすめられて
7. その他（　　　　　　　　　　　　　　　　　　　　　　　　）

■ **この本をお買い求めになった動機は何ですか**
1. テーマに興味があったので　2. タイトルに惹かれて
3. 装丁・帯に惹かれて　4. 著者に惹かれて
5. 広告・書評に惹かれて　6. その他（　　　　　　　　　　　）

■ **本書へのご意見・ご感想をお聞かせ下さい**

■ **いまあなたが興味を持たれているテーマや人物をお教え下さい**

※あなたのご意見・ご感想を新聞・雑誌広告や小社ホームページ上で
1. 掲載してもよい　2. 掲載しては困る　3. 匿名ならよい

ホームページURL http://www.asukashinsha.co.jp

郵 便 は が き

63円切手を
お貼り
ください

| 1 | 0 | 1 | - | 0 | 0 | 0 | 3 |

東京都千代田区一ツ橋2-4-3
光文恒産ビル2F

（株）飛鳥新社　出版部　読者カード係行

フリガナ		性別　男・女
ご氏名		年齢　　　歳

フリガナ

ご住所〒

TEL　　　　（　　　　　）

お買い上げの書籍タイトル

ご職業
1.会社員　2.公務員　3.学生　4.自営業　5.教員　6.自由業
7.主婦　8.その他（　　　　　　　　　　　　　　　）

お買い上げのショップ名　　　　　　　所在地

★ご記入いただいた個人情報は、弊社出版物の資料目的以外で使用することは
ありません。

このプリン、いま食べるか? ガマンするか? ―一生役立つ時間の法則

柿内尚文・著

時間の使い方が
うまくなれば人生は
自然によくなる

978-4-86801-002-9／1,650円

『おやすみ、ロジャー』シリーズ累計135万部

＼たった**10分**で、寝かしつけ！／

テレビでも多数紹介！日本ギフト大賞も受賞！

おやすみ、ロジャー
世界的ベストセラー！
プレゼントの定番です

三橋美穂[監訳]
978-4-86410-444-9

おやすみ、ケニー
第3弾はトラクター！
みんな大好き乗り物

三橋美穂[監訳]
978-4-86410-979-6

心理学的
効果により
読むだけで
お子さまが
眠ります

各1,426円

カール=ヨハン・エリーン[著]

おやすみ、ロジャー
朗読CDブック
大人気声優の声でぐっすり！

梶裕貴 中村悠一[朗読]
978-4-86410-515-6

おやすみ、エレン
第2弾はゾウさん
かわいいイラストが人気

三橋美穂[監訳]
978-4-86410-555-2

だいじょうぶだよ、モリス
子どもの不安が消える絵本

中田敦彦[訳]
978-4-86410-666-5

変な家 文庫版

[著] 雨穴

映画化オビ

オビを取ると →

通常カバー

知人が購入を検討している都内の中古一軒家。開放的で明るい内装の、ごくありふれた物件に思えたが、その間取り図にはおかしな点がいくつもあった。いったい誰が何のためにこの家を建てたのか。その謎を追った先にあった恐ろしい事実とは…。設計士栗原による文庫版あとがきも収録。

社会現象を巻き起こす
"間取り"ミステリー

シリーズ累計
232万部突破!!

978-4-86410-993-2／770円

例題
21

負け続きのレースチームを
ナンバーワンに輝かせた秘訣は？

　車メーカー日産でスポーツカー「GT-R」の開発責任者を務めた水野和敏さんは、「伝説のミスター GT-R」として知られています。

　水野さんは、負け続きだったカテゴリーのレースチームの監督兼エンジニアを任されました。

　そして、国内メーカー選手権 3 年連続チャンピオン、1992 年にはデイトナ 24 時間レースなどで全戦全勝するといった、日産のレース黄金期を築きました。

　すばらしい成績を収めた水野さんは、どのような方法で負け続きのチームをナンバーワンに輝かせたのでしょうか？

古い指標を破壊し、「非常識な本質」を貫いた

まず、水野さんは「1年後のレースで優勝する」というゴールを決め、「どのようなクルマが必要なのか」「効率のよい仕事をするためにはどこにフォーカスすべきか」を考えました。

そこで、従来の速いクルマの「高い馬力」「俊敏な軽い車体」という常識を疑っていきます。

そして、**ほどほどの馬力と少し重めの車体を逆に利用してレース性能を高めていきます。**

その結果、クルマの耐久性と燃費がよくなり、ピットインの時間が効率化され、従来にない成功法則が生まれました。

また、**開発にかかるヒト・モノ・カネ・時間を4分の1に削減することで、チームメンバーの自立性と選択肢が増え、結果に対する責任感が高まりました。**これにより、個々人の権限が広がり活動のパフォーマンスが上がったというのです。

水野さんの著書『非常識な本質』には、他にも勝利に向けた驚きの取り組みが詳しく記されています。

💡思考のポイント ボトルネックに集中する

この水野さんのやり方は、「全体の流れを滞らせている部分（ボトルネック）を見つけて対策していく」という**「制約**

理論（Theory of Constraints：TOC 理論）」そのものだと私は感じました。

　水野さんは古い常識を見つけて、対策を立てたからです。

　この「制約理論」とは、エリヤフ・ゴールドラット博士が考案し、彼のベストセラー小説『ザ・ゴール』で紹介されたマネジメント手法です。

　この理論では、どんな物事も様々な要素が連なっており、そのプロセスは一本調子（同じ効率）ではありません。つまりプロセス全体の中で凸凹があり、全体の流れを滞らせる原因を**「ボトルネック」**と呼びます。

プロセスは一本調子ではなく…

凹凸している要素の集合体…

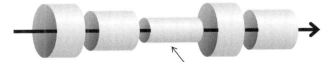

流れを制限する"ボトルネック"

図のように描くと問題の箇所がすぐに見つかりますが、私の経験上、**ビジネスの現場で活用するとなると既存の常識にとらわれてしまうため、ボトルネックを見つけることは実際にはなかなか難しい**と感じます。

　そこで役立つのが、チームのリソース（ヒト・モノ・カネ・時間）を洗い出し、メンバーの役割やスキル、そして作業の流れを明確にすることです。このように**プロセスの可視化**を行うと、どこに問題があるのかや作業の重複が明らかになります。
　また、水野さんが実行したように、ボトルネックと思われるものを逆に強みに転換して、常識にとらわれない解決策を考えるためにも、可視化はとても大切です。

　定期的に**チームでワークショップやミーティングを行い、チーム内でボトルネックへの気づきと改善を繰り返す**といいでしょう。すると、メンバー全員が自主的に動くようになり、現場のスピード感が高まっていくはずです。

WORK ……………………………………………………………
あなたの仕事のボトルネックは何ですか？　今までの常識にとらわれず、一歩引いた視点から仕事の流れを阻害する要素を見つけましょう。

企画思考トレーニング

part 02

応用編

さらに、思考する力を高める方法

chapter 06

本質からブレない思考

　part 1 では、視点の変え方を中心に、思考法をトレーニングしてきました。

　コツはつかめてきましたか？

　ここからはこれまでの思考法を応用しながら、より「考える力」を鍛えていくパートに入っていきましょう。例題に加え、私の体験談もコラムとしていくつかご紹介します。

　アイデアが面白いのはすばらしいことですが、それだけでは十分とは言えません。「社会をよくしたい」「そのためにビジネスを成功させたい」といった目的がある場合、つい自分のアイデアに夢中になりすぎて、大切な本質を見失うこともありますから、注意が必要です。

　この章では、ブレない考え方のポイントについてお話ししていきます。

例題
22

いつもと違う風景が
突然やってくるのはなぜ？

街を歩いていると、「最近、やけにスポーツカーが多いな」とか、「急にお年寄りが増えた気がするな」「あれ、かわいいワンピースの人がたくさんいる」など、いつもと違う風景に気づくことはありませんか？

これまで気にもとめなかったのに、急に目につくようになる現象です。

では、なぜ突然「いつもと違う風景」が目に飛び込んでくるのでしょうか？

その人の「関心ごと」が変化し、「認識パターン」が違ってきたから

見る人の関心が変われば、見えてくる街の風景が変わっていきます。

街を歩いていて「最近スポーツカーが目につく」「お年寄りをよく見かける」「かわいいワンピースを着た人が多い」などと感じるのは、自分の関心が変わったからです。

たとえば、スポーツカーの雑誌を読んだり、自分の白髪に気づいたり、流行のワンピースが欲しくなったことで、それまで気にならなかったものが突然目に入るようになります。

これは「関心ごと」が変わることで、見えなかったものが見えるようになるという現象です（「カラーバス効果」とも言います）。逆に考えれば、それらは今まで「盲点（スコトマ）」になって目の前から消えていたのです。

💡思考のポイント アイデアを支える世界観を重視する

人は見たいものしか見ていないので、多くの人が同じ風景を見ても、それぞれが認識している風景は異なります。

このことから、**相手に関心のないアイデアは基本的に受け入れてもらえない**と考えなければなりません。

たとえば、あるキャラクターや物語の世界に共感や愛着を持っていれば、テーマパークに行ったときに、その世界がよりリアルに感じられます。

＜認識パターン＞

関心ごとで
つくられる

キャラクターの
世界観

赤信号で止まる
（ルールの世界）

地球は丸くて青い
（共通認識）

　このように、私たちの行動や信念は、受け入れている世界
観に基づいています。たとえば、赤信号で止まるのも、地球
が丸くて青いと信じるのも、私たちが共有する世界観の一部
です。

　私たちの脳は「認識パターン」に従って物事を理解します。
　このため、**アイデアを提案する際は、単にアイデア自体だ
けでなく、その背後にある世界観も一緒に伝える必要があり
ます。**
　たとえば、アウトドアブランド・パタゴニアの「地球が私

たちの唯一の株主」、バイクメーカー・ハーレーダビッドソンの「自由と冒険」、化粧品ブランド・ラッシュの「ハンドメイド＆フレッシュ」などの企業のメッセージは、商品の前に世界観をしっかりと打ち出している例です。

スタジアムの技術を防災アピールした例

1990年代前半、サッカーJリーグ開始時のこと。私はスタジアム向けの大型映像・音響システムの提案に携わっていましたが、市場には限界があると感じていました。

しかし、マーケティング部門の責任者から「大型映像を街なかのメディアとして活用し、防災時には重要情報を伝えるインフラとして使う」という新しい世界観が提案されました。

この世界観を広めるため、私たちは「屋外の大型映像が災害時に役立つ」というテーマの書籍を出版し、興味を持ちそうな顧客へ配布することから始め、大型映像の普及につなげました。

このように、**自分のアイデアや構想に、相手が感銘を受けるような独自の「世界観」を盛り込むことが重要**です。

WORK ···
あなたのビジネスが表現する世界観は何ですか？　また、どのような世界観を提供すれば、あなたのビジネスが発展すると思いますか？

例題
23

1%成長が毎日続くと、
1年後はどうなる?

06
──
本質からブレない思考

特殊相対性理論などを提唱した天才科学者のアルベルト・アインシュタインは**「複利は人類による最大の発明だ。知っている人は複利で稼ぎ、知らない人は利息を払う」**と述べたと言われています。

「単利」「複利」という金融用語は、私たちもよく耳にします。「単利」とは元本にのみ利息がつくこと。一方「複利」とは元本についた利息にさらに利息がつくことで、資産が雪だるま式でどんどん増えていきます。

さて、もし毎日1%ずつ成長し続けたら、最初に比べ1年後はどのくらいになるでしょうか?

127

毎日1%なら1年後には「約37倍」に！

　毎日1%の成長を続けると、1年後には元の約37倍に増加します。逆に、毎日1%の減少を続けると、1年後には元の約39分の1に減少してしまいます。

1日に
＋1%
の成長

365日後
100→3778

1年間で
約37倍
に成長する

1日に
−1%
の減少

365日後
100→2.6

1年間で
約39分の1
に衰退する

　実際には1日で1%の利回りは実感が湧きにくいかもしれませんが、それでも複利の威力はわかっていただけるでしょう。

💡 思考のポイント　複利が効く場所を間違えない

　複利の力は絶大ではあるものの、それをどこに使うかがとても重要です。金融で言えば、大きい成長を目指すなら利回りの低い商品に投資をするのは賢い選択ではありません。

　重要なのは、**成果が出やすい分野、つまり明確な目標（伸びしろ）が設定しやすい分野を選ぶ**ことです。

　たとえば、100m走のように、すでに高いレベルで競われている分野では、少しの改善で大きな差を生むのは難しいです。このような分野では、複利の恩恵はなかなか得られない

でしょう。

　新しいチャレンジをする場合、たとえば同じ100m走でも凸凹した道でグラスに注がれた飲み物をこぼさずにどれだけ速く走れるかなど、挑戦の仕方を変えれば、小さな工夫が大きな成果につながる可能性があります。

　サスペンションを改善した車、あらゆる地形を移動できる昆虫のようなロボット、ドローン配送を考えるなど、革新的なアイデアで差をつけられる分野では、1%の改善を積み重ねることで、複利のような大きな成果が期待できます。

100mを最速で走る

男子100mの世界記録
1968年	9秒95
1991年	9秒86
1996年	9秒84
1999年	9秒79
2007年	9秒74
2009年	9秒58

複利が
利きにくい

グラス一杯の飲み物を一滴もこぼさずに
凸凹の100m道路を渡り切る

複利が利く
可能性が高い

　複利の原理は、分野によってはその効果が大きく異なります。たとえば「おいしさの追求」も厳しい世界です。お米のおいしさを引き出す炊飯技術にこだわるのはすばらしいことですが、様々なおいしさがあふれている現代に、苦労して向上させたおいしさの技術が評価してもらえるとは限りません。

　たとえば、手を汚さずに超簡単につくれる「おにぎらず」は大変なヒットになりました。これは「究極のおいしいおに

ぎり」を目指したのではない点がポイントです。「具材のバリ
エ」や「インスタ映え」という魅力に複利が効きました。

　複利の効果があまり期待できない分野が悪いわけではな
く、アイデアを活かして大きく成長できる分野を見つけるこ
とが大切だということです。

知識は世代を超えて積み重ねられる

　12世紀のフランスの哲学者・ベルナールは「巨人の肩の
上に立つ小人」という言葉を残し、ニュートンの書簡には「私
がかなたを見渡せたのだとしたら、それは巨人の肩の上に
乗っていたからです」という言葉が残っています。意味は**「先
人の成果の上に新たな発見を重ねる」**というものです。

　この話は、知識や成果が世代を超えて積み重なっていき、
まるで複利のように増大していくことを象徴しています。

　自らのスキルを高めていく、人を育てていく、組織を強化
する、資金・資産を増やしていくなど、**自分が培ったものの
上に、未来が重なっていくのであれば、どんな年齢であろう
と1%の成長を今すぐに始めてみるべきでしょう。**

WORK ・・・
あなた自身、またはあなたのビジネスはどのような成長を
していきたいと考えていますか？　1%の成長を加えていく
と、とてつもない未来が待っています。

例題
——
24

「アイデア段階」から
「市場投入」までの期間は?

　世の中には様々な商品やサービスがあり、アイデアが浮かんでから市場に出るまでには、時間がかかります。

　商品やサービスなどによって、アイデア段階から市場への投入までの時間は大きく変わります。

　では、以下の「菓子類」「家電製品」「自動車」「エネルギー分野」「医薬品」などの商品分野で、アイデアから市場投入まで一般的にどのくらいの期間が必要と考えられているのでしょうか?

菓子類　　　　家電製品　　　　自動車

エネルギー分野　　医薬品

（同じ分野でも商品の種類、技術難易度、規模、新規性によって期間は大きく異なります）

菓子類は「3ヶ月から1年」、家電製品「2〜3年」、自動車「3〜5年」、エネルギー「5〜10年」、医薬品「10年以上」

　一般的な目安として、菓子のような食品は、アイデアから市場への導入までが比較的早いです。

　一方、家電製品や自動車は技術開発、安全性のチェックなどが必要で、通常2〜5年の開発期間がかかります。

　エネルギーや医薬品の分野では、さらに厳しい規制、試験、安全性の確認が求められるため、とても時間がかかり、開発が進んでも市場に出ないこともあります。

　製品が複雑であればあるほど、開発にかかる期間は長くなります。

💡 思考のポイント　農業・漁業・林業の時間軸を踏まえる

　商品やサービスの種類によって、開発や提供にかかる時間が異なるので、アイデアを考える際には、それが実現するまでの時間も考えておく必要があります。

　ここでは「アイデア段階」から「市場投入」までを3つのサイクルに分け、その特徴を見ていきましょう。

　まずは**「農業型サイクル」**。

　たとえば稲作のように、種をまいてから収穫までが1年という短期間で回るものです。年に複数回収穫がある二毛作のように、回転率が速いビジネスモデルです。

　身近な菓子類や食品だけでなく、デジタルサービス、アプリケーションソフト、コンテンツなども含まれます。スピード勝負な開発が求められるビジネスです。

　次に「漁業型サイクル」。

　これは、鮭や鱒のように成長するのに数年かかるものに例えられます。家電や自動車のように、開発から市場投入までに数年を要する耐久消費財がこのタイプです。

　さらに「林業型サイクル」。

　これは、苗木が成木になるまでに50年から80年かかる森林業を例にしていますが、ビジネスで考える場合は「10年以上」かかる長期プロジェクトを指します。

　これには、次世代エネルギー、医薬品、次世代通信技術、社会インフラ事業、プラットフォーム事業などが含まれます。

　エネルギー事情に詳しい方から、「この業界は林業のように時間がかかる」と教えられたことがあります。

　これらのサイクルを理解することで、アイデア実現に必要な時間とリソースをイメージできるようになりましょう。

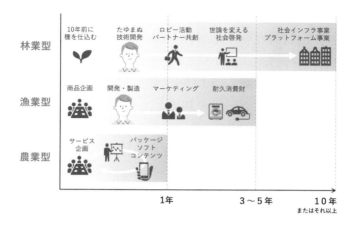

林業型　10年前に　たゆまぬ　ロビー活動　世論を変える　社会インフラ事業
　　　　種を仕込む　技術開発　パートナー共創　社会啓発　プラットフォーム事業

漁業型　商品企画　開発・製造　マーケティング　耐久消費財

農業型　サービス　パッケージ
　　　　企画　ソフト
　　　　　　コンテンツ

1年　　　　3〜5年　　　10年
　　　　　　またはそれ以上

　私が主に活動している家電業界は、商品を企画から販売ま
で3年かかる「漁業型サイクル」で成長してきました。

　市場の変化にすぐ対応する「アジャイル開発」に切り替え
てみようともしましたが、今までの開発スピードに慣れてい
るため、柔軟に変わることは難しく、それが悩みでした。

「漁業型サイクル」では商品企画が中心となり開発を進めま
すが、「農業型サイクル」では、商品やサービスを1年以内
に市場に出すスピードが求められます。これは、素早く市場
に出して初めて競争に参加できるからです。

　特に、アプリやウェブサービスでは、完璧でなくとも早く
リリースし、ユーザーの意見を取り入れて改善する方法がと
られます。このように、**ITガジェット分野では、「漁業型」
の中に「農業型」の要素を取り入れる動きがあります。**

　一方、新エネルギー分野、たとえば水素エネルギーの研究
開発は、長期間にわたる技術開発やインフラへの投資、政府
との連携が必要です。

　2010年代初めには、私は知人の技術者と水素インフラの可能性について話していました。2020年代に入ってから水素燃料電池車や水素発電の実用化が進み始めました。

　ただ、投資の回収期間が10年以上かかるため、企業が短期的な利益を求めて別の事業を優先し、大胆な投資をためらうケースもあります。

今すぐ取り組まなければ、望む未来は遠のいてしまう

　以上、「農業型」「漁業型」「林業型」と分類しましたが、**多くの企業活動にはこの3つが共存**しています。「漁業型」が主流の企業でも、10年先をみすえた開発は必要ですし、きめ細かなサービス開発は数ヶ月のサイクルで回すこともあります。

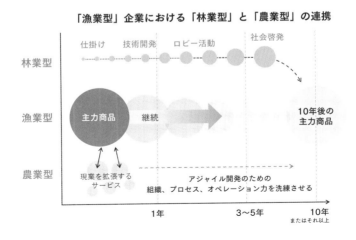

「漁業型」企業における「林業型」と「農業型」の連携

林業型　　仕掛け　　技術開発　　ロビー活動　　社会啓発

漁業型　　主力商品　　継続　　　　　　　　　　10年後の主力商品

農業型　　現業を拡張するサービス　　　アジャイル開発のための組織、プロセス、オペレーション力を洗練させる

1年　　　　3〜5年　　　10年またはそれ以上

どのビジネスも目指すべき短期、中期、長期の目標があります。

　短期的に成果を出す「農業型」は、素早いアクションができる社内体制が必要です。

　中期的な「漁業型」では、数年先のトレンドを見据え、じっくりと商品を磨くことが求められます。

　長期的な「林業型」は、将来に向けた大きな投資や研究が不可欠。

　どのタイプの事業であっても、今すぐに取り組みを始めなければ、理想の未来は遠のいてしまうというわけです。

　後ほど例題29で取り上げますが、通販会社のジャパネットたかたがボイスレコーダーの売り上げを大幅に伸ばした例は、開発期間の短い「農業型」のアプローチで、新しい商品価値を生み出したものです。

WORK ···

迅速に動く「農業型」、じっくり時間をかける「漁業型」、長期的な視野で育てる「林業型」。あなたのビジネスはどれに当てはまりますか？

また、これらの異なる時間タイプからヒントを得て、新たに挑戦すべきビジネスアイデアはありますか？

例題
25

空き家の多いまちは今後、どうなる?

　今、日本では空き家の問題が深刻化しています。野村総合研究所の予測によれば、2038年の空き家率は31.5%（2018年13.6%）になるそうです。仮に2015年に施行された「空家等特別措置法」が機能したとしても、まだ多くの空き家がそのままの見通しです。

　特に木造一戸建が空き家の72.2%を占め、大都市以外では増加しています。これらの空き家が多い地域は、人の手が入らない「スキマ」として、「穴」が多い「スポンジ状態」と呼ばれることもあります。

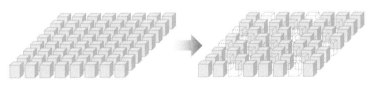

空き家のないまち　　　　空き家率30%のまち
　　　　　　　　　　　　（スポンジ状態）

　空き家にはまだ住めるものから、建替えと転売で有効活用できるものまで、状態は様々ですが、このような「スポンジ状態」の「まちづくり」は今後、どう変わっていくべきでしょうか?

「まちづくり」から「まちづかい」へ
転換する

「まちづくり」は身近な環境をより住みやすく、働きやすくして、まちに新しい命を吹き込むようなもの。このため、地域資源を有効活用し、建物や街区を整備・開発します。

しかし、新しい住宅を建てるといった従来の「つくる」発想では、実際にはたくさんの空き家がある問題とはつじつまが合わなくなってしまいます。

「つくる」を「つかう」にスイッチするとは？

そこで、**意図的に「つくる」という言葉から、「つかう」という発想**にスイッチを切り替えてみてはいかがでしょうか？ これにより、「地域の魅力や活力を高める」という目的に立ち返ってみるのです。

これまでの**「まちづくり」**は、インフラや建物の整備が中心でした。

一方の**「まちづかい」**では、すでにある資源をどう活用するかも重要です。すると安心で快適、かつ持続可能な「まちの経営」が望まれるようになっていきます。

たとえば、35歳で夢のマイホームを手に入れました。広々とした間取り、子育てにぴったりな緑豊かな郊外。しかし、子どもたちが巣立った後、2人だけの生活では家が広すぎて

持て余してしまうかもしれません。

　そんな場合、駅近で買い物も便利なマンションへ住み替えるという選択ができればどうでしょう。そして空いた郊外の住まいに、子育て世代が移り住むのです。車も所有できますし、自然が多い場所で、伸び伸びと子どもを育てられます。

まちづくり

ハード提供が主体

✓ インフラ・土木・建物
✓ 施設（介護、保育　等）
✓ 製品（設備、防犯装置　等）

人口減少	・空き家
ストック過剰	・空き地
	・空き空間

まちづかい

サービス提供が主体

✓ 安全で緑豊かなまち
✓ 健やかに暮らせるまち
✓ 価値が向上するまち

　この家族が子育てが終わって高齢２人暮らしになったら、また郊外の家を手放して駅近の便利なマンションに住み替えていくのです。

　ずっと同じ家で暮らすのではなく、人生のステージに合わせて、住み替えていくという発想は、駅周辺を中心に街を活用しようとする「まちづかい」のいい例です。

💡思考のポイント つくる・つかう・かたるの進化形で考える

　想像してみてください。ある建物や施設がずっと使われ、新しい住人の手によって生まれ変わる様子を。ヨーロッパでは、こんなリノベーションが日常茶飯事です。

　建物だけでなく、時代を超えて愛される「定番」の道具たちも、そのシンプルさと美しさで私たちの生活の一部となっています。
　歴史ある「古い街並み」や長く愛され生活に溶け込む「民芸品」を見ると、そこには長い時間が詰まっていると感じます。

　もしも、私たちの暮らしの中でこうした歴史的な価値が積み重なっていくとしたら、それは「地域の魅力や活力を高める」ための最大の武器になるのではないでしょうか。
　だから、「つくる」「つかう」のその先には「かたる」という営みが続いてほしいと考えました。
　「まちづくり」は「まちづかい」へ、そして「まちづかい」は「まちがたり」へと進化していくのです。
　言葉を変えただけのようですが、まちの成長をこのように表現することで、従来の「まちづくり」のアイデアは劇的に変化するでしょう。

つくる ← つかう ⇄ つかう ⇄ つかう ⇒ かたる

デベロッパーやメーカーが
開発していく段階

まちづくり
ものづくり

使うことで「まち」や「もの」が成熟.
使い込まれ、さらに価値が高まる

まちづかい
ものづかい

世代を超え、
大事なものが蓄積していく

まちがたり
ものがたり

　たとえば、「まちづかい」や「まちがたり」の主役は住民です。そのため**住民同士が活発に交流して、地域の中心であるコミュニティセンターや共有スペースの活用を促したり、共同で物を買ったり、図書館で学ぶなど、まちを豊かにするソフト的なビジネスが求められる**でしょう。

　ソフト的な価値が高まれば、まち全体の評価も上がり、不動産の価値が上がったり、新しいビジネスが生まれたり、より多くの人が訪れるようになるなど、循環がよくなるでしょう。

　つくる・つかう・かたるの進化形は、「まち」だけでなく「もの」や「ひと」にも当てはめることができます。

WORK ....
自分の業界で提供している商品やサービスを、単なる「つくる」ビジネスから、「つかう」ビジネスに変えて、新しいアイデアに展開してみましょう。

chapter 07

抽象と具体を往復して考える

「思考力を高めるもっとも強力な方法は何ですか?」と聞かれたら、私は「抽象と具体の繰り返し」と答えます。

「抽象」とは、具体的ではなく、本質的な特徴や概念に焦点をあてたもの。
「具体」とは、直接知覚できる、はっきりとしたもの。

　抽象的なアイデアと具体的な事例を交互に考えることは、問題解決や創造性を高めるだけでなく、複雑な物事の理解を深めるのにも役立ちます。

例題
26

「コウモリの目」とは?

　企画ができる人の観察の視点として、「虫の目」「鳥の目」「魚の目」は聞いたことがありますでしょうか?

「虫の目」とは、トンボなどの虫が持つ複眼(多数の小さな目が集まってできた目)で、物事を近くからじっくり観察するような視点です。それがどんな要素でどのように組み合わさっているのかなどを理解することで、その本質を見極めていきます。

「鳥の目」とは、悠々と大空を飛ぶ鳥の視点に立ち、全体を観察していくことです。周辺を広く見ると、近くで見るだけではわからなかった、他との関係性など見逃していたことに気づきやすくなります。

「魚の目」はさらに広い視点です。物事を取り巻く流れや傾向まで読み取る観察のことです。魚眼レンズで周辺をとらえ、水の流れを読みながら進むことから、現在だけでなく、過去や未来への洞察も含みます。

　これら以外に**「コウモリの目」**という視点も存在します。「コウモリの目」とはどんな観察なのでしょうか?

「逆さま」で見る、「超感覚」で見る視点

　コウモリは超音波を出し、その反響音を利用することで、暗闇も飛べて、私たち人間の五感とは別の感覚で周囲を観察します。また、逆さまにぶら下がれることから、物事を別の角度や視点で見るといった意味を含みます。

「虫の目」を点、「鳥の目」を面、「魚の目」を立体の視点ととらえるならば、「コウモリの目」は透視をしているようなイメージでしょう。

　実際、レントゲン写真は見えない人間の体内を見せてくれますし、クルマのセンサーは暗闇や霧の中でも遠くの物体を感知します。これらの技術は、コウモリの超感覚と似ていて、人間の感覚を拡張します。

　私はさらに、この4つの視点に、もうひとつ加えたいと思います。

🔦思考のポイント 5つの目で全体性ゲシュタルトをつかむ

　5つ目の視点は**「宇宙飛行士の目」**です。
　1961年にソビエト連邦の軍人ガガーリンが人類初の宇宙飛行をした際の「地球は青かった」という言葉、そして1968年のアポロ8号が月の軌道から撮影した「青い地球の

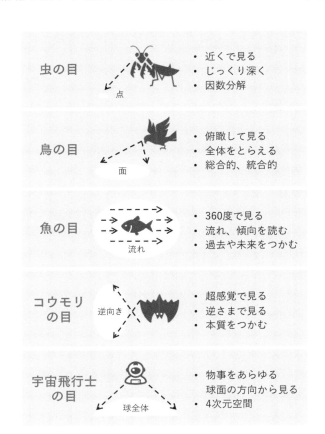

写真」をご存じでしょうか。

　私たち人類は丸くて青い地球を直接見ていないにもかかわらず、このときから、あたかも「宇宙からの地球」を知っているかのような視点を持つようになりました。

　地球の裏側で起こっている事象をこの目で見なくても、多くの情報を集めて理解する力を私たちは持っているのです。

虫の目	点	・近くで見る ・じっくり深く ・因数分解
鳥の目	面	・俯瞰して見る ・全体をとらえる ・総合的、統合的
魚の目	流れ	・360度で見る ・流れ、傾向を読む ・過去や未来をつかむ
コウモリの目	逆向き	・超感覚で見る ・逆さまで見る ・本質をつかむ
宇宙飛行士の目	球全体	・物事をあらゆる 　球面の方向から見る ・4次元空間

「虫の目」「鳥の目」「魚の目」「コウモリの目」「宇宙飛行士の目」という5つの視点は、それぞれ異なる視点で物事を見ることの大切さを示しています。

　これらの視点を組み合わせることで、知り得た真実が組み合わさり、**「ゲシュタルト」**という概念が構築されていきます。

「ゲシュタルト」とは単なる部分の集まりを超えた全体の像のことです。

　この「ゲシュタルト」によって、見えなかった細部や背景にある事象を推測することができるようになります。

　5つの目で、たとえば食品が家庭に届くまでの流れを考えてみましょう。

「**虫の目**」で森の土の菌や海中のプランクトンを観察し、「**鳥の目**」で里山や里海の調和に気づき、「**魚の目**」で農法や漁法の伝統とその奥深さに気づく。「**コウモリの目**」で生態系や食のサプライチェーンが直面する実態を知り、「**宇宙飛行士の目**」でワンネスな地球を感じながら、すべてのつながりを理解していく……といった具合です。

　こうして視点を変えて見てみることで、今までは見えなかった土壌や産地の問題から、今後の開発・流通にいたる問題が見えてくるのではないでしょうか。

虫の目
菌やプランクトン

鳥の目
里山／里海全体

魚の目
伝統と研究開発

コウモリの目
サプライチェーン

食品が家庭に届くまで

宇宙飛行士の目
地球規模で考える

5 つの視点で SDGs を考えてみる

　たとえば、持続可能性（SDGs）に関する課題を、この 5 つの目を総合して考えてみましょう。

　二酸化炭素（CO_2）濃度の増加が地球の温度上昇に影響していますが、「コウモリの目」で逆さまに見れば、CO_2 は光合成、すなわち植物の生長を促し、農業生産を向上させています。

　そう見れば、光合成を促進する技術や CO_2 を用いた燃料開発など、ポジティブなアプローチが見えてきます。

CO₂を負の遺産とせず、あらゆる方向から活かそうとする**「宇宙飛行士の目」から、新たなビジネスが生まれる**のではないでしょうか。

　5つの目は物事を多角的に捉えるので、偏った見方を補ってくれます。

✏️WORK ···
注目のトレンドを、5つの異なる視点で見てみましょう。
たとえば電気自動車を考えたとき、製造過程でのCO_2排出量、鉱物資源の種類と必要量、そして将来廃棄される際の環境への影響など、様々な角度から検討する必要があります。

例題
—
27

水洗いできない衣服はどう洗う？

1922年、日本に初めて電気洗濯機が登場しましたが、それはアメリカのソール社製のものでした。

1930年には、ソール社と技術提携した芝浦製作所（現在の東芝）から日本初の国産電気洗濯機が登場しました。

今では、洗濯機はどの家庭にもあって、衣類を水で洗い、給水から脱水、乾燥までを全自動でこなし、最近では洗剤も自動で入れてくれるものもあります。

しかし、おしゃれな帽子や靴、おもちゃなど、水で洗えないものも多くありますね。

水洗いできないものは、どのようにして洗えばいいでしょうか？

「空気で洗う」「光で洗う」

まず**「空気で洗う」**。

これは、オゾンを含む空気を衣類に浴びせて、水を使わずに除菌や消臭をする洗浄技術です。

オゾン（O₃）は、自然に酸素（O₂）に戻ろうとする性質があり、その過程で菌や臭いの原因となる物質を分解します。この方法を使えば、水で洗うのが難しい帽子や靴、子どものおもちゃなどもきれいにできます。実際にこの技術を応用した製品が市場に出たこともあります。

また、微粒子イオンや次亜塩素酸を利用した、空間を除菌する製品も増えています。

次に**「光で洗う」**。

100〜280ナノメートルの波長を持つ「深紫外線（UV-C）」を使います。この光には殺菌効果があり、医療や工場などでよく使われています。

人体には有害なので、人がいないときのトイレやキッチン、調理器具の殺菌や消毒に使われていると思ってください。

その他、太陽や蛍光灯の光が当たると表面で強力な酸化力が生まれる光触媒技術もあります。

これにより、その表面に接触する細菌などの有害物質を除去できます。

💡思考のポイント 思考の抽象度を上げる

多くの人には「洗濯機＝桶×水洗い」のイメージがあるため、新しい洗濯機のアイデアを考えようとしても、この既存のイメージに縛られがちです。

そこで、この固定観念から逃れるために、**「洗濯機」という名詞を、「洗う」という動詞に変えてみます。**

すると、いろんな「洗う」方法が思いつきます。「水で洗う」から「水以外で洗う」という新しいアイデアにつながります。

新しい"洗う"へ、領域が広がっていく

このような「洗濯機」という具体的なものから離れて、「洗う」という視点から思考して抽象化させることを、**「抽象度を上げる」**と言います。

この方法で、従来の「洗濯機」からでは気づけなかった新しいアイデアに発展させられます。

「宇宙視点」で考えると未来が見えてくる

さらに「抽象度」を上げ、**「宇宙」のようにもっと広い視点から問題を見てみましょう。**

たとえば、世界人口が増加するため、2050年には水の需要が2000年と比べて55%増加する見込みです（経済協力開発機構の予測）。

すでに、世界の半数近くの人々が水不足に苦しんでいて、そもそも水を使う洗濯は当たり前ではないかもしれません。

さらに宇宙視点で未来を考えると、もしも月で暮らすようになった場合、地球から月へ水を運ぶと1リットル＝1億円、もしも使用済みの水を再生して使う場合でも約100万円かかると聞いたことがあります。

そうだとしたら、「水で服を洗う未来」はとても考えにくいものになっていくでしょう。

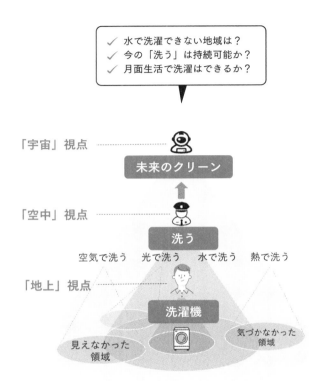

「抽象度を上げる」とは、問題をより広い視野から見つめることです。

　できれば、**時間軸の「抽象度」を上げて未来を考え、未来の子どもたち、世界中の人々のために、根源的な課題を考え続けていきたいものです。**

身近なものを「名詞」から「動詞」に変えてみましょう。
たとえば、「時計」は「時を刻むもの」、「鏡」は「映し出すもの」、
「靴」は「歩くことを支えるもの」と考えることができます。

このように、具体的な物を「名詞」からその機能を表す「動
詞」に置き換えることで、物事を抽象化し、アイデアの可能
性を広げることができます。

天才と呼ばれる人の思考法

　新たなミレニアムに入った2001年、私はある発明家と仕事をしていました。

　その人の発想力は本当にすごくて、毎日のように私を驚かせてくれました。心の底から「天才っているんだな」と感じたものです。私はデザイン担当でしたので、最先端技術に詳しいわけではありません。技術のことはその発明家から教えてもらっていました。

　ある日、彼が私にこう言います。
「カーボンナノチューブって知っているか？　捨てられるタイヤのゴムから炭素を取り出し、カーボンナノチューブという材料に変え、それで『不燃布』がつくれるんだ。『不燃布』とは文字通り『燃えない布』のこと。この意味がわかるか？」

　いつもこんな調子で私は質問攻めにあっていたのですが、天才の発想にはついていけず、頭の中は「？」でいっぱいでした。

　彼は続けます。

「あのな、『不燃布』で服をつくるんだよ。燃えない服を。燃えない服は汚れたら、何百℃という超高温の窯に通せば、汚れだけが燃えてしまうだろう？　1秒もかからず、一瞬で洗濯が終わるんだよ」

燃えない服 ＋ 超高温の洗濯窯 ＝ 汚れだけが燃えて
1秒で洗濯完了！

　家電のデザインをやっていると、家電機器にとらわれて物事を発想しがちです。しかし、この事例は洗う対象そのものを変えていくアイデアです。衣類が変われば洗濯も変わるというわけです。

　総じて、天才と呼ばれる人たちの思考は「抽象度」が極めて高く、常に色メガネをはずし、「広い空間」「長い時間」を見据えているんだなとつくづく感じたのでした。

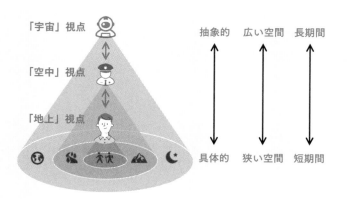

「宇宙」視点　　　　　　抽象的　広い空間　長期間

「空中」視点

「地上」視点

具体的　狭い空間　短期間

例題
—
28

ペルソナを明確にすると陥る罠とは？

　マーケティングの世界では、商品やサービスのターゲットとなる顧客像のことを**「ペルソナ」**と呼びます。ペルソナは、その人が好むファッション、住む場所、買い物の場所、よく読む雑誌など、ターゲットがまるで実在するかのように具体的に描かれた顧客のイメージです。

ペルソナ

25歳、OL、
丸の内

休日は
表参道、代官山

1人暮らし
ワンルーム

よく読む雑誌は
○○○

　これにより、企画・開発・販売・マーケティングの活動に一貫性を保ち、ズレが生じないようにします。しかし、「ペルソナ」を細かく定義しすぎるほど、実は陥ってしまう問題があります。

　それは何でしょうか？

解答例 — 28 絞り込みすぎて「マーケットが小さくなる」

おそらく1990年代後半、インテリア・家具販売のフランフランが架空の顧客「A子さんのペルソナ」を活用したマーケティング戦略で注目を集めました。

「ペルソナ」を詳細に設定するにはそれなりの調査・分析が必要であり、それには時間とコストがかかります。

ここで注意したいのは、**ユニークでエッジの利いた特徴の「ペルソナ」ほど、ターゲット市場がニッチな層になってしまう**というジレンマです。

商品企画のコンセプトにこだわりすぎて、「たしかに面白いが、マーケットが狭すぎる」という結果に終わってしまうことがよくあるからです。

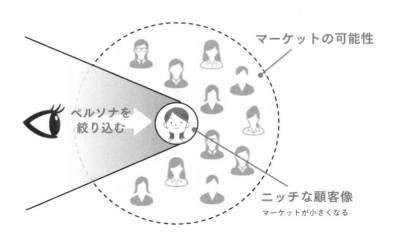

マーケットの可能性

ペルソナを絞り込む

ニッチな顧客像
マーケットが小さくなる

🔖思考のポイント ペルソナ拡張の作業を組み込む

　市場が小さくならないよう、コンセプトの方向性が見えた
ら、重要な**「コア／強み」**を軸に、**ターゲット顧客の特徴を
重視する点とそうでない点を整理**しましょう。

　たとえば、「○○なインテリアで過ごし、パートナーとの
時間を大切にする」ことにフォーカスするのであれば、他の
特徴はあえて省くことでイメージを明確にします。

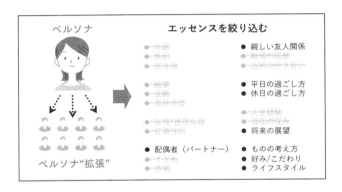

　すると、削除した特徴の分、マーケットが広がることにな
ります。ただし、マーケットを広げすぎてせっかくの「ペル
ソナ」がぼやけてはいけません。**このバランスを取りながら
ターゲットを再設定する作業を繰り返す**ことが必要です。

　たとえば、高齢者や体に障害のある方の身体機能をサポー
トする商品の場合、高齢者や体に障害のある方の綿密なペル

ソナのみで進めてしまうと、マーケットは狭くなりがちで、商品の価格は高くなり、デザインも控えめなものになってしまうかもしれません。

逆に、その「介助技術」を「多くの人に役立つ機能」ととらえ直すと、よりマーケットは広がり、価格を抑え、人の目をひきつけるカジュアルなデザインの商品を開発できます。

最初の段階では、商品の強みを明確にするために「高齢者や身障者の身体機能サポート」でいいのです。その後、この**強みを活かしつつ、マーケットを広げる発想がビジネスには必要**なのです。

たとえば、健康志向の中高年層だけでなく、様々な年代に受け入れられるヨーグルトなどのヒット商品があるように、元々は高齢者向けの栄養補助食品が若年層にも受けることは十分にあり得ます。

ペルソナを用いて特定の個人を想定したとしても、その結果としてビジネスチャンスとなる広い市場の「コア／強み」を見出すことができます。

〃WORK ……………………………………………………………
ターゲット設定は「絞って、ゆるめる」の繰り返しで、細かく調整していきます。商品の強みをぶらさず、最終的にマーケットを広げていきましょう。

例題
29
ジャパネットたかたはどんな価値を
どんな顧客に提案したのか？

　ジャパネットたかたの創業者である高田明さんは、1990年にラジオショッピングを、1994年にはテレビショッピングを始めています。

　彼は「モノづくりはメーカー、それを販売するのは販売店だけど、販売店もアイデアは出せるはず」という常に前向きな考えで、お客さま目線のわかりやすい伝え方を次々に編み出し、事業を急成長させてきました。

　特に有名なのは、ボイスレコーダーの販売戦略です。高田さんは、会議や商談、取材などビジネスシーンで使われるボイスレコーダーを、これまでとは違う使い方を提案することで、新たな需要を生み出し、大きなヒット商品にしたとされています。

　高田さんはどんな価値をどんな顧客に提案したのでしょうか？

解答例
29

親から子どもへの「伝言メッセージ」
物忘れが心配な高齢者の「ボイスメモ帳」

　高田さんは、働く親には「おやつは冷蔵庫にあるよと録音すれば子どもは喜びますよ」と語り、物忘れが心配な高齢者には「明日の予定を忘れないよう、吹き込んでおきましょう」とボイスレコーダーの使い方を伝えました。

　これが多くの人の心の琴線（きんせん）に触れ、予想以上の売上を達成しました。

　ボイスレコーダーそのものは既製品ですが、**売る側の伝え方一つで商品の魅力を大きく上げ、顧客と市場が創造できる**という好例です。

　さらにジャパネットは、高齢者などが使いやすいよう、操作ボタンを大きくする提案をメーカーに行い、オリジナル商品までつくったというから、その行動力は本当に尊敬します。

思考のポイント プロダクトコーンを明確にする

　商品価値を再定義し、それを明確に伝えるための方法として**「プロダクトコーン」**という理論があります。私の知る限り、これは 2000 年頃にシストラットコーポレーションの森（もり）行生（ゆきお）氏によって考案されたもので、多くの企業が商品企画を整理するのに使っています。

　この理論は、商品の価値を 3 層に分けて考えます。

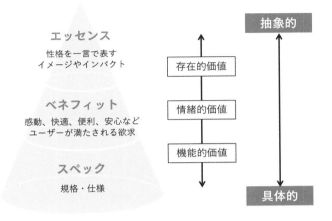

抽象的

存在的価値

情緒的価値

機能的価値

具体的

エッセンス

性格を一言で表す
イメージやインパクト

ベネフィット

感動、快適、便利、安心など
ユーザーが満たされる欲求

スペック

規格・仕様

(株) シストラットコーポレーションの図を元に加筆

　下段は**「スペック」**。商品の技術的な特徴や優位性、規格や仕様などの「機能的価値」を指します。

　中段は**「ベネフィット」**。顧客（ユーザー）が商品を使うことで得られる利益や満足感、たとえば感動や快適さ、便利さ、安心感などの「情緒的価値」を意味します。

　上段は**「エッセンス」**。その商品の本質や性格を一言で表す「存在的価値」です。

　先のボイスレコーダーの場合は、「スペック」は変わりませんが、「ベネフィット」と「エッセンス」を高田さんの鋭い洞察で見直し、商品価値をまったく新しいものに変えました。

イーロン・マスクのテスラの事例

　もうひとつ、イーロン・マスク氏が創業した電気自動車会社のテスラを例に挙げましょう。

　テスラは「人類を救済する」という大胆なミッションのもと、「クリーンエネルギーのエコシステムを構築する」というビジョンに賛同した顧客を対象に、エネルギー革命に参加する機会を提供しています。

　テスラの電気自動車は、超加速や自動運転機能、定期的なソフトウェアアップデートによって常に最新の状態を保つなど、電気自動車ならではの体験価値を提供しています。

「エッセンス」から「スペック」まで一貫したコンセプトにファンは共感しているのです。

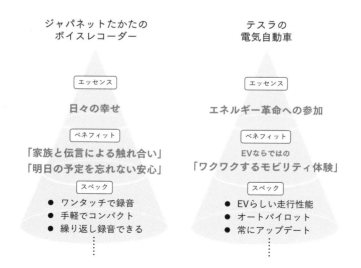

ジャパネットたかたの
ボイスレコーダー

テスラの
電気自動車

エッセンス

日々の幸せ

ベネフィット

「家族と伝言による触れ合い」
「明日の予定を忘れない安心」

スペック

● ワンタッチで録音
● 手軽でコンパクト
● 繰り返し録音できる

エッセンス

エネルギー革命への参加

ベネフィット

EVならではの
「ワクワクするモビリティ体験」

スペック

● EVらしい走行性能
● オートパイロット
● 常にアップデート

「スペック」だけが集まっても商品という形は完成しないし、また「エッセンス」の表現に走りすぎても抽象的なものになってしまいます。

「ベネフィット」で全体を貫き、それがシンプルなマーケティング戦略につながるかどうかを検討することが重要です。

WORK ....

考えたいサービスや商品を「スペック」→「ベネフィット」→「エッセンス」の順で整理します。

「ベネフィット」によって生まれる、顧客にとっての理想の姿を想像すると、「エッセンス」がまとめやすくなり、アイデアがより明確になります。

花火と昆虫採集

　2010 年の上海国際博覧会には、多くの国と地域が参加し、日本からは日本館、日本産業館、大阪府・大阪市パビリオンなどが出展しました。

　当時、私は政府と民間からの資金提供を受けて建設された日本館のプロジェクトチームの一員でした。

　このプロジェクトがスタートした頃、展示プロデュースに携わる方から忘れられないアドバイスをもらったことがあります。それが**「花火」**と**「昆虫採集」**です。

「花火」は、パビリオンが「遠くから見て魅力的」に見えることを意味します。ひと目見ただけでメッセージが実感でき、人の心をつかむインパクトが大切だということです。

　一方の「昆虫採集」はパビリオン内の展示が「近くから見ても魅力的」であることを指し、1 人ひとりの知的好奇心に

応じて情報の奥へと歩み寄ることができる、未知との出会い
や新たな発見を提供する個別展示のことです。

「花火」と「昆虫採集」の両極が一貫してこその展示構想だ
ということでした。

　この「花火」と「昆虫採集」に関する事例をひとつ。

　私が関わったパナソニックの未来創造研究所が、1980 年
代に国立民族学博物館（大阪・吹田市）のプロジェクトに取
り組んだことがあります。

　この博物館は中央のパティオ（屋外空間）が全体を見渡せ
る「花火」的な空間で、レプリカ展示物やビデオテーク（映
像資料の図書館）などが「昆虫採集」に当たる場所と言える
でしょう。

　初代館長で民族学者・文化人類学者の梅棹忠夫さんは、「博
物館の本質は、単に過去を目指し、過去を復元することでは
ありません。過去にあったもの、現に存在するものを、新し
い観点から、新しい文脈に組み直して、未来に送り出す。こ
れが博物館の仕事であります」と述べています（1984 年 11
月の創設 10 周年記念式典での講演）。

　国立民族学博物館は、収蔵品が増え続けることを予測して
早くからデジタルアーカイブの活用を探求し、来館者に情報
を通じた豊かな展示体験を提供していました。私はその時点
で、詳細展示（「昆虫採集」）に関して世界で最も革新的な施
設だったと考えています。

chapter 08

対極を活かす思考

　2つのものが反対の立場をとって張り合うことを「対立する」、反対の関係にあることを「相反する」と言います。
　どちらも互いに逆らい合う、やっかいな状態です。

　しかし、このように対極にあるものをうまく利用することで、アイデアを高めていく方法があるのです。

　・反対意見は、改善のきっかけになる
　・困難な状況は、成長の機会になる
　・異なる価値観から、思いがけない変化が生まれる

　このように対極を活かしていけば、「向かうところ敵なし」のすごい思考力を身につけられるようになります。

例題
30

現代の玄関を誰もが集える場所に
するには?

その昔、日本の家屋には土足のままで使える「土間」があ
りました。土間とは、家の中の床面が土のままだったり、三
和土（たたいて固めた床）にしてある場所です。

土間は、「玄関や出入口」「ご近所さんとのおしゃべり」「家
事や収納」「通風や換気」など、様々な目的で使われ、誰も
が気軽に入れる開かれた場所でした。

ところが、現代の一般的な住まいで「土間」を見かけるこ
とはほとんどありません。

逆に「他人に入ってほしくない」「自宅の安全を守りたい」
という理由から玄関は閉めきることが当たり前です。

そのような現代の玄関を昔のように「開放的だけど安全・
安心」「誰もが集える場所」にしていくために、どのような
方法が考えられますか?

解答例 30

セキュリティ技術を活用した「スマート玄関」

「安全だけど閉じられた玄関」「開放的だけど犯罪が気になる玄関」という対立する2つの側面、いわゆる**「トレードオフ」**の状態をどう変えていくかが例題の意図です。

たとえば、「セキュリティ技術をフル活用して、オープンでも安全な玄関にする」というのはどうでしょうか。

「トレードオフ」とは、「品質かコストか」「仕事か家庭か」など、何かを優先すれば別の要素が不足するという状態です。

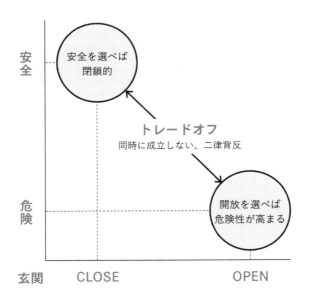

ここで重要なのは、この二律背反を当たり前として考えず、まずは「オープンだけど安全な玄関があると仮定したら」と

無理やり発想をひねることです。

🔹 **思考のポイント トレードオンで逆転発想する**

「トレードオン」とは、「トレードオフ」の関係から引き離し、
下図のような**新しい領域で2つの要素を両立させる考え方**の
ことです。

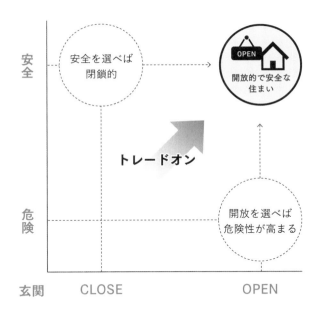

家に来るのは家族や隣人、知人だけではありません。現代
では、家主がいない間に部屋を掃除するハウスキーピング
サービスや、体が不自由な方や寝たきりの方をサポートする
訪問介護サービスなど、家族以外の専門家が私たちのプライ

ベートなエリアに入ってくるケースもあります。

それに、ネットでの買い物も増えて、宅配サービスがすごく便利になりましたよね。

アマゾンで注文すれば多くが翌日には届き、ウーバー・イーツに至っては数十分で食べ物が届きます。

この流れを考えると、安全が保証されるなら、もっとオープンで出入りしやすい玄関のほうが便利だと思いませんか？

暗証番号やスマートフォンで開錠できるドアも増えていますから、最近普及してきた顔認証や指紋認証のような個人を認識する技術を使えば、もっと自由に出入りできる玄関をつくれるかもしれません。

もし家族だけでなく、遠くの親戚や信頼できる隣人も緊急時に家に入れるようになったら、もっと安心できますよね。

玄関をアートギャラリーみたいに飾ったり、家庭菜園で採れた野菜を分け合う場所にしたり、ちょっと座って話ができるようなスペースにしたり、もし周りの人の目が届くような玄関なら、さらに安全になるかもしれません。まるで、現代版の「土間」ができる感じですね。

WORK ···
「○○だから□□できない」ではなく、**相反する要素を分析**し、「**○○と□□を両立させるには？**」と大胆な「トレードオン」からアイデアのヒントを探りましょう。

例題
31

「和を以って貴しとなす」の深い意味とは？

聖徳太子がつくった十七条憲法は、政治に関わる人々を対象に道徳や心がけを示したものです。604年に制定されました。

その第一条にあたるものが、おなじみの「和を以って貴しとなす」。

「何をするにもみんな仲良く争わないのがいいね」「人は調和していくことが最も大事なことだよ」という内容を誰もが教わったことでしょう。ところがこの条文、それだけの意味ではないのです。

「和を以って貴しとなす」に込められた深い意味とは何だったのでしょうか？

しっかりと「議論を尽くせ」、そして納得せよ

「和を以って貴しとなす」の「和」という言葉には、「協調」という意味が含まれます。

「協調」とは、お互いの利害の対立する場合でも、問題を解決するため、納得するまで話し合うことを指します。「仲良くなること」だけでは単なる「同調」であり、他と調子を合わせる後ろ向きな態度になってしまいます。

東京大学大学院の頼住光子教授によると、**本来の「和」とは、前向きに攻めること。よりよいものをみなで議論してつくっていこうという姿勢**を指すのだそうです。

💡思考のポイント ジンテーゼを繰り返す

「和を以って貴しとなす」の真意は、哲学者ヘーゲルの弁証法にも通じるものがあります。これは、**異なる意見や対立する概念から、新しい視点や解決策を見つけ出す方法**です。

たとえば、私がある「意見」を言います。それに対して相手が「反対意見」を言います。私が「反対意見」に屈し、それを受け入れるだけなら、これは先に述べた「同調」です。

しかし、「反対意見」に対し、私と相手が議論を重ね、互いの意見が活かされたより高度な「統合意見」をつくり出すことが「協調」です。簡単に言えば、このように対立する意見を統合していくことが「弁証法」です。

　ここでの元の「意見」を「テーゼ」、「反対意見」を「アンチテーゼ」、**「統合された意見」を「ジンテーゼ」**、そして、これまで対立していたお互いの言い分からレベルが上がっていく様を**「アウフヘーベン（止揚）」**と言います。

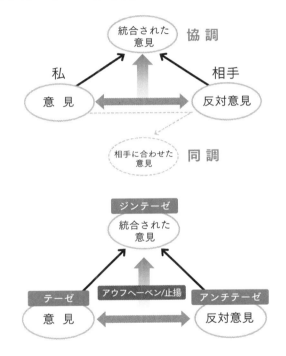

　もう少し、身近な事例で説明しましょう。

　朝、コーヒーを飲みたいと思ったのに、家族から「健康のためにミルクを飲みなさい」と言われて、仕方なくミルクを選択すると「同調」になります。コーヒーとミルクを混ぜ、カフェオレにすると「折衷案」となり、弱めの「協調」となります。弱めと書いたのは、単純に足しただけからです。

もし、目覚めの効果や健康効果を一緒に考え尽くしていくならば、その家族はデカフェやソイラテのような新しい飲み物を生み出すかもしれません。それが本当の「協調」です。

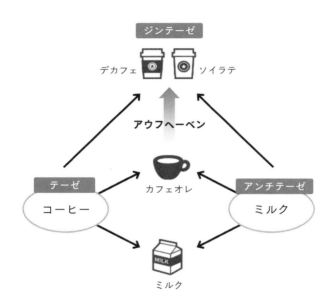

　これまでとは違う、新しいレベルに到達することが、真の「協調」です。「アウフヘーベン」とは、そういった高いレベルに進化させることを指します。

WORK ···

自ら「アンチテーゼ（反対意見）」を見つけ、自分１人でも「ジンテーゼ（解決策）」を繰り返しましょう。アイデアに磨きがかかっていきますよ。

───────── *column* ─────────

アンチテーゼを乗り越えた
顔認証ゲート

　ここでは私の同僚が関わったプロジェクトを例に、「ジンテーゼ」について見てみましょう。

　このプロジェクトは、いくつかの国際空港に導入されつつある**「顔認証ゲート」**の開発に関するものでした。目的は、デジタル技術を使ってパスポートと顔を認証し、入出国手続きを安全かつスピーディにすることでした。

　最初は、技術の精度を上げることだけに注目していましたが、利用者からすると、使い方がわかりにくい、パスポートの準備ができていない、案内を読まないなどの問題が明らかになりました。これらを受けて、「使いやすさ」に目標を変更しました。

　「使いやすさ」を重視すると、次にやってきたアンチテーゼは**「使いやすさとは何？」**です。メンバーはいろんな実験を始めます。

　「顔認証時にしっかりカメラを見るようにするには」に始まり、「荷物を持っていても使いやすい仕組み」「車椅子ユーザーも使いやすい設計」「不正行為を防ぐ方法」など、顔認証ゲートを使う際の様々な問題点が浮かび上がりました。

　これらの課題に対応するために、試作品をつくり、問題解決に取り組みました。

　プロジェクトが進む中で新たな疑問、すなわちアンチテー

177

ゼが浮上しました。「**私たちが進めているこの方向で本当に
いいのだろうか？**」という疑問です。

　開発チームだけの視点では不十分なため、外部の専門家に
も意見を求めることにしました。

　そこで、高齢者の使いやすさに関する専門家の協力を得て、
プロトタイプの大規模な検証実験を行いました。幾度もの検
証を経て、最終的にはすべての人が問題なく顔認証ゲートを
通過できるようになりました。

　このプロジェクトでは、新しい提案（テーゼ）に対する疑
問や反対（アンチテーゼ）を乗り越え、解決策（ジンテーゼ）
を見つけることで、新たなイノベーションが生まれました。

　パナソニックの創業者、松下幸之助は、多くの人の意見を
取り入れる「**衆知を集める経営**」を大切にしていました。彼
はどんなに優れた人でも知恵には限界があるため、社員全員
の知恵を集めて経営することの重要性を説いていました。

　この経営哲学には、対立する意見（アンチテーゼ）を受け
入れ、それを超えて新しい解決策（ジンテーゼ）を見つける
という考えが含まれています。これは、ただ仲良くすること
だけが目的ではなく、理想を追求する過程で生じる対立を価
値あるものと見なし、よりよい方向へと導くためのものです。

例題
—
32

将来の家族像はどう変化する?

　日本の家族の100年間を振り返ると、私の分析では以下のように「大家族」「マイホーム家族」「バラバラ家族」「個人とコミュニティ」へと変化しています。

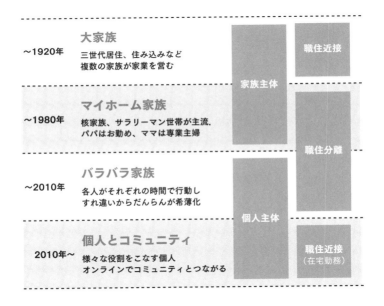

~1920年	**大家族** 三世代居住、住み込みなど 複数の家族が家業を営む	家族主体	職住近接
~1980年	**マイホーム家族** 核家族、サラリーマン世帯が主流. パパはお勤め、ママは専業主婦		
~2010年	**バラバラ家族** 各人がそれぞれの時間で行動し すれ違いからだんらんが希薄化	個人主体	職住分離
2010年~	**個人とコミュニティ** 様々な役割をこなす個人 オンラインでコミュニティとつながる		職住近接 （在宅勤務）

　この傾向から「個人とコミュニティ」のその先、将来はどんな家族像をあなたは予想しますか?

個人主体から、再び「家族主体」へ

これは明確な答えがあるわけではありません。

たとえば、以下のように変化を整理してみましょう。

まず、100年前までの日本は「大家族」が主体であり、農業や商業など、家業を営む**「職住近接」**でした。

その後、1950年代後半から、お父さんはサラリーマンとして会社に行き、家事はお母さんに任せるという**「職住分離」**が起こり、一家だんらんはテレビの前という**「マイホーム家族」**のスタイルが主流になりました。

1980年代に入ると共働き家族が増え、家族の生活時間はすれ違っていきます。**「バラバラ家族」**ともいえる、家族だんらんよりも個人を優先する生活に変わっていきました。

そして1人暮らしが増え、2010年以降になると、家族とは適度に離れ、個人がSNSでいろんな人とつながる**「個人とコミュニティ」**というスタイルが多数派となります。

昨今では在宅勤務による「職住近接」も増えてきました。

以上の流れから、家族主体と個人主体、職住近接と職住分離の2つの対極があることに気づいたでしょうか。

思考のポイント **2つの対極からパターンを見つける**

　2つの対極を組み合わせてチャートをつくり、4つの家族像を並べてみましょう。

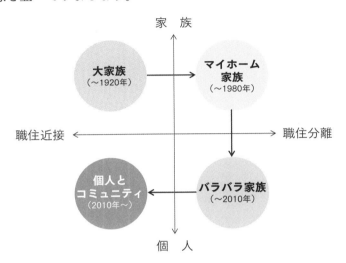

縦軸の「家族 ⇔ 個人」、横軸の「職住近接 ⇔ 職住分離」のように両端を反対の意味にすることがポイントです。

　チャートで整理した家族像を見ると、「大家族」から「個人とコミュニティ」まで、グルッと一周しながら移動しているように見えます。
　そして、この流れから「個人とコミュニティ」の次は「大家族」の象限に戻っていくような仮説を私は立てました。その動きを、回転する**「らせん」**のように描き直してみましょう。

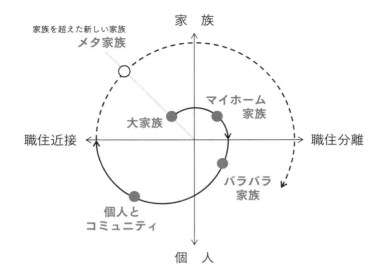

オンラインは血縁や地縁に縛られない新たな家族を生み出す可能性があります。同性婚、友人同士の連帯、国を超えた家族なども増えるかもしれません。このような考察から、家族の概念がこれまで以上に大きくなるかもしれないという意味で、私は**「メタ家族」**と名づけてみました。

大胆に仮説を立てることで、「メタ家族」が暮らす社会を想像し、新しい生活サービス、税制や健康保険、生命保険といったインフラなど、将来のビジネスについて妄想することが、新たな未来の可能性を広げます。

WORK ……………………………………………………………………
2つの対極（2軸チャート）で過去の変化を振り返り、未来を大胆に想像してみましょう。これにより、仮説を立てるスキルが向上するでしょう。

例題
—
33

太極図の4つの立場とは？

太極図は、下の図のように、宇宙の始まりと万物が生まれる過程を表したものです。

古代中国では、黒い部分が「陰（下降する気）」を、白い部分が「陽（上昇する気）」を意味しました。

この2つの力は互いに成長し合い、時にはお互いを取り込もうとする動きをしています。

さらに、この図には陰と陽の2つの極に加え、「4つの立場」が存在していると言われます。

その4つの立場とは何でしょうか？

「陰」と「陽が見る陰」
「陽」と「陰が見る陽」

陰と陽を「私」と「あなた」に言い換えて考えてみましょう。①**「私」**、②**「あなたが見る私」**、③**「あなた」**、④**「私が見るあなた」**の４つの立場が見えてきます。

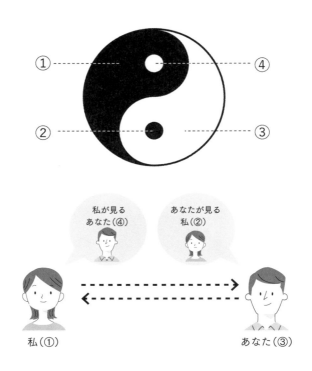

①「私」と②「あなたが見る私」は、対象は同じでも自分自身なのか他者からなのかで認識が異なり、①と②には違いがあるはずです。

③と④も同様です。

つまり、**それぞれの認識から生じる「４つの立場」が宇宙の基本単位として存在している**と考えられます。

🔍思考のポイント 白と黒、混ざらない世界が　　動きを生む

もし、太極図の白と黒を混ぜて灰色にするとどうなるでしょうか。

当然、世界は灰色のままですから、この状態では対立や相互作用が起こらないため、変化や動きは生じません。宇宙に活動や生命が満ちあふれるためには、必ず「陰と陽」「私とあなた」という異なる２つの多様性が必要なのです。

女性と男性、右脳と左脳、静脈と動脈など、**相反する存在でありながら、お互いを引きつけ合い、補い合うもので私たちの世界はできています**。

このような対立と総合の関係を示しているのが、太極図のすごいところです。多様な人たちを色に例えるなら、それぞれの色を混ぜないで、そのままであるほうが輝きます。

たとえば、チームをつくる際には、同じ能力の人を集めるのではなく、異なる背景を持つ人々をあえて組み合わせると、新しい視点が生まれ、問題解決力がアップします。

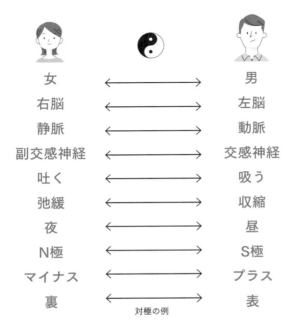

女	⟷	男
右脳	⟷	左脳
静脈	⟷	動脈
副交感神経	⟷	交感神経
吐く	⟷	吸う
弛緩	⟷	収縮
夜	⟷	昼
N極	⟷	S極
マイナス	⟷	プラス
裏	⟷	表

対極の例

多くの組織、企業では同じような人々が集まりがちです。しかし、**「異なるもの同士の組み合わせ」こそが新しいアイデアを生む源泉**です。

どんな問題にも柔軟に対応できるようになり、創造性やイノベーションが促されます。

これを白と黒を混ぜないことに例えて、多様性を保持する重要性を強調したいと思います。

WORK ....

チームや組織を見渡し、多様性について話し合い、様々なバックグラウンドを持つ人材に目を向けてみましょう。

例題
34
物質を燃やすとエネルギーが
生まれるけれど、その逆はある？

アインシュタインの有名な式「E＝mc²」はとてもシンプルな方程式です。

この式は**「質量とエネルギーの等価性」**を表し、光の速度 c は変わらない定数で、質量が多いほどエネルギーも多くなることを示しています。これは、物質が熱や光といったエネルギーの形に変換される現象を説明しています。

日常でも、物質を燃やしてエネルギーを得ることはよくあります。たとえば、車のエンジンがガソリンを燃やして動いたり、キャンドルを灯して光や熱を得ることがその例です。では、その逆、つまりエネルギーを集めて物質をつくり出す事例について考えてみてください。

「植物の成長」や「人間の回復」など

ひとつの例は**「植物」**。

植物は太陽光を使って、二酸化炭素（CO_2）と水から、酸素や食べ物（木の実）をつくり出します。これは、エネルギーを物質に変換する一例です。

このプロセスを応用した「人工光合成」の研究が行われていて、太陽光と CO_2 を使って石油や天然ガスの代わりになる物質をつくる取り組みが進んでいます。

もうひとつは**「人間の回復」**です。

私たちは食べ物からエネルギーと栄養を取り入れ、それが私たちの体を形成します（エネルギーから物質へ）。この際、睡眠はとても重要な役割を果たしています。

１日を終えると人間は疲れて、元気がなくなり、眠ります。そして、次の朝には元気が再び満タンになる。

睡眠は永久機関のように「元気を満たす＝心身を回復する」システムのようにとらえられます。このように**体をつくる、健康をつくる、元気をつくることは、なくなることのないニーズ**でもあり、睡眠ビジネスはその一例です。

💡思考のポイント 方程式の「イコール（＝）」は「双方向」

アインシュタインの式「$E=mc^2$」は、物質とエネルギーが互いに変換可能であることを示しています。

質量とエネルギーは循環する

$$E \rightleftarrows mc^2$$

エネルギー　　　　　質量 × 光速度の２乗

　まず、この式の右から左へ、つまり「物質（mc^2）からエネルギー（E）へ」の流れを考えてみましょう。

　日常でよく見る例としては、薪（まき）を燃やして暖を取ったり、ガソリンで車が動くことが挙げられます。これらの例では、物質（薪やガソリン）が燃えることでエネルギー（熱や動力）に変わります。
　また、私たちが食べ物を食べることで得るエネルギーも同じです。これらの変化は一方向で、燃やした薪が元に戻ることはありません。
「物質はバラバラになる習性を持っており、元に戻らない」という物理のルールを**「エントロピーの法則」**と言います。

　次に、この式の左から右へ、「エネルギー（E）から物質（mc^2）へ」の流れを考えます。
　こちらは、エネルギーが集まって新しい物質をつくるような現象ですが、先ほどの植物が光合成を行い、酸素などをつくるプロセスがこれに当てはまります。
　しかし、日常生活では直接目に見えるような現象ではありません。

「生命力」は方程式が逆になっている

　漫画『進撃の巨人』では雷のような閃光が走り、爆音が鳴り響いて巨人が出現します。

　私はそれを見て「あっ、E → mc² だ！」と思わず叫んだのですが、現実世界で巨人の誕生を目撃することはありません。

　エントロピーの法則によれば、物質は自然と分解していく傾向がありますが、物質を構成し維持するためには、それをまとめ上げる力が必要です。特に、人間や植物などの生命体は、このエントロピーに逆らって物質を組み立てるよい例です。このプロセスを、**「生命力」**と言い換えるとわかりやすいでしょうか。

物質からエネルギーが生まれる
エントロピーの法則
物理力

$$E \quad mc^2$$

ネゲントロピーの法則
生命力
エネルギーから物質が生まれる

　このことから、この例題の解答例には「植物の成長」や「人間の回復」という「生命力」に基づくものを取り上げました。

　生命とは何か？　非生命体とはどう違うのか？

　アインシュタインの式「E=mc^2」を両方向に考えることで、このような深い思考に至ります。

　この対極の考え方を日常生活の中で常に心の片隅に残しておくと、無意識のうちに新しいアイデアを探求し続けるきっかけとなります。

　この探究心が、新しいアイデアや思考を生み出す基盤をつくると私は考えています。

✓WORK ....

世の中のイコール（＝）を双方向（↔）や逆向きに変えるなどして、いろんな常識を疑ってみましょう。

chapter 09

理想の未来を引き寄せる思考

「未来予測」とは、過去のデータや経験をもとにして未来を予想する方法です。過去や現在を基準として未来を考えます。

それに対して「未来思考」とは、まず「未来のありたい姿」を描き、その理想に向かって、現在の行動を決定する考え方です。

この考え方では、未来がすべての行動の基準になります。過去の苦い経験も未来起点でとらえれば、「これからのために必要な経験だった」と見直すことができます。つまり、未来思考では、未来が行動の指針となり、過去は固定されたものではなく、未来を形作るための一部として見直されます。

新しいアイデアや構想を練ることは、理想の未来を提案することです。過去に基づいて未来を考えると、その未来はただの延長線上になってしまいます。だから、新しいアイデアや計画をつくるときは、目指すべき未来を明確にして、それを基準にしなければなりません。

この章では、企画思考の奥義とも言える「未来思考」を実践するためのヒントをご紹介します。

例題
—
35

すんなり通る企画ほど
つまらないのはなぜ？

　自分の考えた企画が無事に審議を通過すると、とてもうれしいものです。

　しかし、一方で「会議の場で文句を言われない提案ほどつまらないものはないぞ」とか、「賛成多数は新しい提案とは言えないよ」などといった皮肉とも教訓とも取れる都市伝説（職場伝説）が存在するのも事実。

　たしかに、すんなり通った企画ほど、実現したときは「こんなものだったっけ？」と思う経験は私もしたことがあります。

　当事者は真面目にアイデアや企画に取り組み、審議する関係者も真剣なはずなのに、なぜすんなり通る提案はつまらないものになってしまうのでしょうか？

みんなの成功体験は「現状の中」だから

すべての人には**「コンフォートゾーン」**があります。
「コンフォートゾーン」とは、私たちが慣れ親しんだ安心で快適な状態のことを指します。これは物理的な快適さだけでなく、感情、精神的な安定や情報に関する状態も含まれ、無意識にその安心感を維持しようとします。

たとえば、「チャレンジできない」と嘆く人は、実は今の状態が心地よくて動きたくないという本音が隠れていたりします。また、「ダイエットが続かない」という人も、現在の生活スタイルが落ち着くからかもしれません。

このように、人は無意識のうちに過去の成功体験や自己の枠に縛られがちなので、全員が賛成するような企画は「コンフォートゾーン」内に収まるものがほとんどです。

もしも、「コンフォートゾーン」からはみ出した提案がされると、たいていは反対意見が出やすいです。

つまり、**「コンフォートゾーン」をはみ出さない提案は現状維持になっているものであり、逆に、外れた提案こそが新しい未来への扉を開く**と考えられます。

🗨思考のポイント **「企画する人」と
「実現する人」は別がいい**

「成功体験を持つ経験豊富なベテラン」や「高い技術力を持つ熟練者」は、大きな可能性を秘めている人たちです。しか

し、彼らはこれまでの価値観から新しい挑戦に対して躊躇し
たり、反対することがあります。

　そんな貴重な戦力である彼らを活かせず、**よい構想・企画
を実現できない問題の真因は、「コンフォートゾーンのつく
り直し」がうまくできていないから**です。

　問題を解決するための私の提案は、「企画する人」と「実
現する人」を分けることです。

　まずは現場に「企画する人」を定着させること。そして、「コ
ンフォートゾーンのつくり直し」に取り組むことです。これ
を3つのステップで説明します。

　**●ステップ0：　未来を考えているつもりでも、多くの社員
が現状に留まっています。**

　**●ステップ1：　組織内で新しい未来を描ける「企画する
人」を選びます**。彼らに組織の新しい方向性やアイデアを考
えさせます。この本を読んでいるような、イノベーションを
好む未来を志向する人たちのことです。

　しかし、伝統的な考え方を持つベテラン社員や熟練者は、
しばしばこれらの新しいアイデアについていけません。

　**●ステップ2：　企画を形にするのを得意とするベテランや
熟練者を「実現する人」として選び、彼らに新しい企画を形
にする任務を与えます。**

　そして、**「企画する人」と「実現する人」を協力させることで、
共通の目標を達成させます。**

STEP0　「ベテラン」が考える従来のやり方

ベテラン

よし、未来を考えるぞ！

でも、見ているのは現状だけ…

新しい未来が
見えていない…

STEP1　「企画する人」を任命し、新しい未来（ゴール）を指し示す

ベテラン

？　　？　　はぁ？　　？　　？

「わかってんのか？」
「無理無理！」

おーい、こっちだぞ！

そっちは今の延長。
目を覚まして！

企画する人

STEP2　「ベテラン」を「実現する人」に変え、ゴールを書き換える

実現する人　　　　　企画する人

＜古いコンフォートゾーン＞　　＜新しいコンフォートゾーン＞

　もちろん、中には古いやり方にとらわれ、文句を言うベテランや熟練者もいます。しかし、彼らが新しい目標に納得した時点で新しいコンフォートゾーンに入ったことになります。すると、彼らも次第に不満・不安は消え、新たなプロジェクトへのモチベーションが高まっていきます。

　私はこれまで、常に「企画する人」側で活動してきました。

事業開発、設計、生産、販売、カスタマーサービス部門に対し、未来のビジョンを浸透させていくのは大変でした。

しかし、私の経験上、**「現状を超えた未来」「無茶だと思える未来」を形にしてくれる人は、これら経験豊富なベテランや熟練者の人たち**だったのです。

ベテランや熟練者が「実現する人」になると、非常にパワフルな力が発揮されます。「企画する人」と「実現する人」がひとつの目標に向かって協力する醍醐味は、言葉で表現できないほどです。

私が企業で長年活動を続けてこられたのは、この喜びを実感し、もっと味わいたいからです。

● 「企画する人」の役割（What）
未来思考で暮らしや社会のあるべき姿を見据え、
現状を超えた（自社 / 自分の）未来を描く

● 「実現する人」の役割（How）
描かれた未来のために、これまでの経験を活かし、
さらに専門力に磨きをかけながら実現に邁進する

ここで、私が考える「企画する人」が持つべき要素をお話ししておきましょう。

「素直である」

　世の中の動きや人の声を素直に見て、聞き、感じることができる人です。

　これは禅で言う「初心」に通じるものです。知識がある人、専門性を持つ人ほど、物事に「初心」の状態で対峙すべきです。顧客を観察したり、アイデアを出し合うワークショップを行う際にも、この「素直」は欠かせません。

「1人で考え抜く」

　周りから得た情報や意見、気づきを消化（昇華）し、自分の言葉でまとめ上げる力です。

　最近はコラボレーションがもてはやされ、多くの人が「みんなで話し合った」ことを良しとします。しかし、自分の考えを深めるためには、1人でじっくり考える時間が必要です。黙々と考えを整理する作業が、独自の視点をつくります。

「ビジョンを描いて伝える」

　他人に効果的に伝える力、アイデアをビジュアライズする力が求められます。

　ここまでに紹介した、アイデアを組み立てるための思考法を使って、未来の構想を魅力的に仲間に伝えましょう。

「ブレない、ズレない」

　プロジェクトを進めていく中で、様々な課題にぶつかり、時には軌道修正が必要になります。しかし、目標の「なぜ

(Why)」と「何（What)」から外れないようにしつつ、「具体的な手段（How)」は状況に応じて柔軟に変更できるよう心がけましょう。

「企画思考」に必要な「サイコパス性」

　戦略マーケッターの森岡毅氏の著書『確率思考の戦略論 ── USJ でも実証された数学マーケティングの力』に**「サイコパス」**に関する部分があります。

　サイコパスと聞くと、冷酷非情な殺人犯やテロリストを思い浮かべますが、サイコパスと暴力的な行動には必ずしも関係がないそうです。

　森岡氏によると、「サイコパス性」とは、感情に左右されず、目的に対して直接的な行動を取る能力のことを指します。

　暴力的でないサイコパスは、高い知性を持ち合わせ、社会で成功することが多いです。この特性を持つ人々は、あきらめずに目標を追求する強い意志を持っています。

　私が提案する**「企画する人」は、周囲から何を言われてもあきらめない、何年でもやり続けるという「ブレない、ズレない」強い意志を大切にしています**。そのため、この「サイコパス」の解釈には深く考えさせられました。

　最近、ビジネスに精通した人（B）、技術に詳しい人（T）、

クリエイティブな分野に強い人（C）をひとつのチームに組み合わせる「BTC組織」という概念が人気を集めています。

これは、「企画する人」と「実現する人」が融合した組織の形だと私は見ています。

「企画する人」には、現状に満足せず、自分の限界を超えて新しい挑戦をし、個人や社会、そして企業や事業を変えようとする強い意欲が必要です。

✓**WORK** ....
あなたの周りにベテランや熟練者はいますか？　あなたの企画を実現させるため、その人たちをどうやって巻き込むかを考えてみましょう。

例題
─
36
「確実な変化」のことを
ドラッカーは何て言った？

　2050年頃には、世界の人口が100億人に達すると見られています。人口増加は、特にアジアやアフリカで目立ちますが、15歳未満の世界人口はほぼ変わらないため、人々の平均寿命が長くなっているためだと考えられます。

　これからは人生100年時代。多くの人が100歳まで生きるようになります。
　特に、出生率はその国の10年先や20年先の労働人口を読み解くことができるデータですから、発展途上国も含めた人口変化は確実であるとされています。三菱総合研究所は2050年の未来を「100歳・100億人の世界」と見ています。

現　在　　　　　　　　　　　　未　来

出生率　　　　　労働人口

着実に訪れる
現象

　このような確実な変化のことを経営学者・思想家のP.F.ドラッカー（1909-2005）はある言葉で表現しました。その言葉とは何でしょうか？

解答例
36

「すでに起こった未来」

　ドラッカーは、社会、経済、文化の出来事とその影響との間には時間差があるものの、**「変化はすでに進行中だ」**と指摘しました。たとえば、先に述べた出生率が「すでに起こった未来」を示しているわけです。

　将来、人口が増えるにつれて、経済が成長し、各地域で所得レベルが上がる見通しです（経済格差も広がりますが、ここでは触れません）。これにより、1人当たりの「エネルギー消費量」や「摂取カロリー量」、そして「仕事や旅行のための移動量（特に航空機利用）」が増える可能性があります。

　技術の進化に伴い、未来学者レイ・カーツワイルは**「2029年にはコンピュータが人間と同じくらい賢い知能を持つようになり、2045年には全人類の脳よりも10億倍も賢くなるだろう」**と予言しています。
　たしかに、ChatGPTのような高度なAIサービスは、驚くようなスピードで広まっています。

　ロボットやAIは経済的に効率的で、**「休みなし」「病気・死亡知らず」「文句を言わない」**という特性を持っています。
　このような「人より賢いオートメーション」が進化すると、将来的には「人は働かなくてもよくなる」、つまり、人間は何のために生きるのか、そして人間の尊厳とは何かといった問いが浮かび上がってくるでしょう。

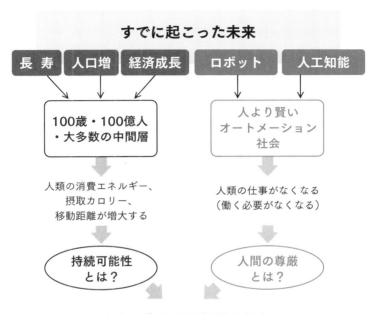

すでに起こった未来

長寿　人口増　経済成長　ロボット　人工知能

100歳・100億人・大多数の中間層

人より賢いオートメーション社会

人類の消費エネルギー、摂取カロリー、移動距離が増大する

人類の仕事がなくなる（働く必要がなくなる）

持続可能性とは？

人間の尊厳とは？

未来の豊さとは何だろう？

💡思考のポイント **未来予測には「3つの階層」がある**

　未来について人と話すと、人によって未来の予想が大きく異なることがあります。これは、その人が描く未来がどれくらい先か、予測可能な未来かによって変わるからです。

　私は未来には**「3つの階層」**があると考えています。
　わかりやすいように、「海面」「海中」「深海」と、海をイメージした3つの層に分けて考えてみましょう。この方法を使うと、未来についての考えを整理しやすくなります。

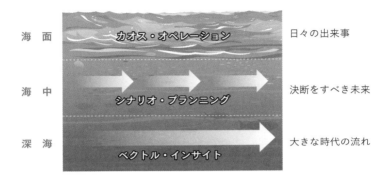

海　面	カオス・オペレーション	日々の出来事
海　中	シナリオ・プランニング	決断をすべき未来
深　海	ベクトル・インサイト	大きな時代の流れ

「海面」という表現は、日常生活で起こる小さな変化やトラブルを、絶えず変わる小さな波に例えています。

　たとえば、「電車の遅れ」や「忘れ物をする」、「荷物が届かない」といった出来事です。

　このような日常の小さな問題に上手に対応することを**「カオス・オペレーション（カオス状態をうまく運用する）」**と私は呼んでいます。

　最近では、クラウドサービスや AI を活用して、日常の小さな問題に対応しやすくなりました。たとえば、グーグルマップを使えば、以前よりもずっと簡単に目的地までのルートや所要時間を知ることができます。

　一方で、**「深海」**は長期的な未来や大きな時代の流れを表しています。これには、「世界的な少子高齢化」や「豊かさと健康の関係」、「自動車の電動化」「社会・サービスの共有化」「AI の広まり」など、避けられない大きなトレンドが含まれます。

　これらの変化はゆっくりと進んでいますが、社会に大きな影響を与えます。このような長期的な変化を**「ベクトル・インサイト（トレンドへの洞察）」**と私は呼んでいます。

　そして、「海面」と「深海」の間の**「海中」**は、日常の小さな変化（海面）ではなく、より長期的な視点（深海）を考慮しながら行動を決定する層です。

　企業で言えば、この層は「戦略」に当たり、経営企画や事業戦略が該当します。

　ここでの目標は、変化のリスクをチャンスに変えることです。この中間の領域を一般に、**「シナリオ・プランニング」**と呼びます。

電気自動車は100年前から見えていた

　再びドラッカーの言葉を紹介します。

「変化はコントロールできない。できるのは、変化の先頭に立つことだけである。今日のように乱気流の時代にあっては、変化が常態である」

「自ら未来をつくることにはリスクがともなう。しかし、自ら未来をつくろうとしないことのほうがリスクは大きい」

　ドラッカーは未来論で**「すでに起こった未来」**に対し、**「先頭に立て！」「それが一番のシナリオだ！」**と明快なスタンスを提唱したのです。

この考えは、電気自動車の進化を例にして理解できます。今から約100年前には電気自動車の初期試作がすでにあり、戦後の少年漫画やSF映画には夢の乗り物として登場していました。つまり、**100年前から「ベクトル・インサイト」として変化は見えていた**のです。

イーロン・マスクは電気自動車の変化を明確にとらえ、その先頭に立とうと強く決意しました。彼のこの決断と努力が、今日のテスラの躍進につながったのではないでしょうか。これは、変化の流れを先読みし、積極的に未来を形づくる重要性を示しています。

海面	シナリオ・プランニング
海中	変化の先頭に立ち、現実を変えていく
深海	ベクトル・インサイト

> 変化を探し、本物の変化を見分け
> それらを意味あるものとして
> 利用しなければならない
> P.F.ドラッカー

アマゾンはオンラインショッピングの未来を、スペースXは宇宙産業の未来を、ネットフリックスは映像コンテンツのオンデマンド化を、ユニクロはグローバルベーシックな衣料品の未来を先読みしていました。

これらの企業は、ただ変化を予測するだけではなく、**現実を変えていく「未来思考」を発展させた**のです。

アマゾン

シナリオ・プランニング

パーソナライズと
ロングテールで
楽しいショッピングを提供

← 地球上でもっとも
顧客中心の企業になる！

ECが普及し、ネットでの買い物が主流になる

ベクトル・インサイト

スペースX

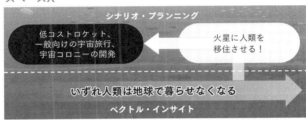

シナリオ・プランニング

低コストロケット、
一般向けの宇宙旅行、
宇宙コロニーの開発

← 火星に人類を
移住させる！

いずれ人類は地球で暮らせなくなる

ベクトル・インサイト

ネットフリックス

シナリオ・プランニング

オリジナルコンテンツと
パーソナルな視聴体験の
ストリーミングサービス提供

← 世界中の人々に
エンターテインメントを！

オンデマンド視聴が主流になる

ベクトル・インサイト

ユニクロ

シナリオ・プランニング

高品質かつリーズナブルな
「Life Wear」の提供

← 服を変え、常識を変え、
世界を変えていく！

世界の人口は増え、中間層が拡大する

ベクトル・インサイト

この方法は、「海中（シナリオ・プランニング）」に相当します。

　この段階では、未来からの視点を現実の変化にどう結びつけるかを考えることが重要です。

✎WORK ....
あなたはどのような未来に注目していますか？
その未来において、どのようにリーダーシップを示すことができるか、今からアイデアを考えてみましょう。
未来を「海面」「海中」「深海」という３つの層に分けて、あなたのアイデアを分類してください。

特に重要なのは、「海中（シナリオ・プランニング）」に役立つアイデアです。これらのアイデアを通じて、どのように未来の計画に取り組むかを考えてみましょう。

<table>
<tr><td>例題
—
37</td><td>マンダラチャートとマズローの法則の
違いは？</td></tr>
</table>

「マンダラチャート」は、野球の大谷翔平選手が使っていた計画を立てるツールです。このチャートは９×９のマスを使って、①ど真ん中のマスに「夢や目標」を書き、②その周りの８マスに「夢や目標」の達成に必要な「要素」を並べます。さらに、③それらの「要素」を実現するための「具体的な行動」を、外側のマスに記入していきます。

＜マンダラチャート＞

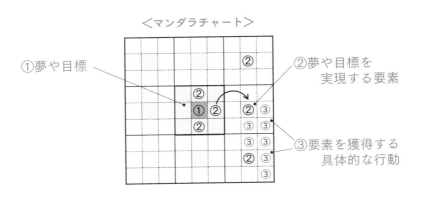

①夢や目標

②夢や目標を
　実現する要素

③要素を獲得する
　具体的な行動

「マンダラチャート」で設定する「夢や目標」と、例題11で触れた「マズローの法則」の最上位に位置する「自己実現欲求」は、どちらも将来の目標や理想を表しています。

　しかし、これら２つのツールのアプローチには**重要な違い**があります。その違いは何でしょうか？

マンダラチャートは「自己実現の夢を最初に描く」

「マズローの法則」は、人間の欲求をピラミッド上で表していて、人は基本的欲求が満たされると次に高いレベルの欲求を求めるようになるとされています（67 ページ参照）。

　一方、「マンダラチャート」は、これとは逆です。「夢や目標」を最初に設定し、それを実現するために必要な要素を周囲に配置していく手法です。

　つまり、「マズローの法則」は基本的な欲求からスタートして徐々に高まる欲求に向かって進むのに対し、**「マンダラチャート」は最終的な目標からスタートして、その目標を達成するための具体的なステップを逆算していく**という、逆のアプローチを取っています。

<マズローの法則>

<マンダラチャート>

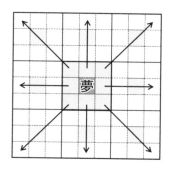

思考のポイント 未来を「逆・マズローの法則」で動かす

　確かに「マズローの法則」は人間の基本欲求の進化をまとめたものなので、夢や目標設定のツールではありません。

　しかし、基本的な欲求（食や安全など）が満たされる日本や先進国では、この理解は少し固定観念にとらわれているように感じました。**そのため、私は「逆・マズローの法則」という新しい考え方を提案します。**むしろ、マンダラチャートで扱う大きな目標設定こそ、現代では求められているため、人間の欲求に関しても高次のものからアプローチすべきだと思うのです。

「逆・マズローの法則」は、通常のマズローの法則とは反対に、「自己実現欲求」、つまり**「ありたい姿、理想の暮らしや社会」を頭の中で描く**ことから始まります。

　たとえば、ビジネスで大きな目標を設定し、それが投資家に認められ資金が集まると「承認欲求」が満たされます。そこから、目標の実現に向けて、環境や体制を整えていくと「社会的欲求」が具体的な形を取ります。

　そして、プロジェクトが進むにつれて、「安全欲求」や「生理的欲求」が満たされていく。

　この考え方は、**多くの起業家や成功者たちがとっている行動パターンと一致しています。彼らは多くの場合、大きな**

「夢」、つまり「自己実現欲求」から出発しています。

<逆・マズローの法則>

自己実現欲求 ……… ① まずは、自分のありたい姿、
暮らしや社会の理想を描く

承認欲求 ……… ② 理想実現のために、持つべき能力や
社会的立場をイメージし、実行する

社会的欲求 ……… ③ 必要な環境、支援体制を築くステップに
移行しコミュニティが整ってくる

安全欲求 ……… ④ 経済的な自立、活動のバランスが図れ、
精神的な安心・安全が約束される

生理的欲求 ……… ⑤ 活動原資である自分自身の健康を
より気使う。さらなる安定感を生む

「マズロー」「逆・マズロー」の使い方

「マズローの法則」は、下位の欲求が満たされることが動機
となりますから、**商品や市場が顧客のニーズをどう満たして
いるか（健康、安全、コミュニティなどの欲求レベル）に使
いやすい**と思います。

　ミネラルウォーターを例にすると、
①**水分補給の水**　←マズローの下段、生理的欲求
②**ミネラルで健康かつ美しくなる水**　←真ん中、社会的欲求
③**かっこいいボトルデザインで一味違う人になる**　←承認欲求
　のように考えられます。

　アフリカのような途上地域は①から②へ、先進国では②から③へのように、市場の成熟度と組み合わせることもあります。

　一方、「逆・マズロー」は、最初から大きな目標を立てて逆算してステップを決めていきますから、**顧客のインサイト（本音）を探るときなどに使う**といいでしょう。

　例題6でこんまりさんの片づけについてお話ししましたが、実はあれは「逆・マズロー」の流れです。

　片づけという行為は単なる「片づける機能」ではなく、「本当はみんな、おうちで落ち着きたい」という大きな目標であることに、こんまりさんが気づいているからです。

　このように、**「マズローの法則」と「逆・マズローの法則」をうまく使い分けて、アイデアを組み立てる際のツールにする**といいでしょう。

WORK ....

理想のビジネスや社会を大きな目標として描いてみましょう。それが実現すれば、あなたと世界はどのように変わるか、「逆・マズローの法則」に基づいて書き出してみましょう。

マイクロ珈琲焙煎機からひらめいた「逆・マズローの法則」

2014年、パナソニックのある部門が、家庭で自由にコーヒー豆を焙煎できる小型の珈琲焙煎機のアイデアを考えました。これは、インターネットを通じて焙煎プログラムを送受信できるもので、これまでのコーヒーメーカーとは異なる新しい市場を目指していました。

私は、新規事業として「面白い」と直感し、初期メンバーとして構想の背骨をつくる役割を担いました。

私たちが目指したのは、**「焙煎データの自由な流通」**という構想で、世界中のコーヒー農園から生豆を、焙煎士から焙煎方法のデータを得て、自宅で好みのコーヒーを焙煎できるというコンセプトでした。

このアイデアは、大手だけでなく、小規模な農園や個人の焙煎士も世界市場に参入できる可能性を秘めていました。2017年6月からはこの機器とサービスの提供は始まりました

この経験は私の考え方にも大きな影響をもたらしました。デジタル技術を通じて焙煎の技術を人々に提供できることから、「自分も焙煎士になり、カフェを開くかもしれない」という夢を持つようになりました。

この夢は、マズローの法則の「自己実現欲求」に相当しま

す。さらに、私の想像は「自己超越」（第6層）のレベルに
まで及びました。

マズローの法則

　私は「カフェを開き、世界中の良質なコーヒー豆を直接仕
入れたい」「よい焙煎を通じて農家により多くの利益を還元
し、彼らの生活を豊かにしたい」「この仕組みが広がれば、コー
ヒーベルト地帯から紛争や差別のない社会づくりにつながる
かもしれない」「2050年には世界人口が100億人、平均寿命
は100歳近くになる。安心・安全な水や食料、そのための農地。
自分はそんな社会に貢献できるだろうか」
　といった妄想を抱きました。

　これらのアイデアが、「逆・マズローの法則」という新し
い考え方へのひらめきにつながりました。
　つまり、自己実現や自己超越の欲求からスタートして、基
本的な欲求に至るという、マズローの法則の逆です。

<＜自己超越した私の欲求＞

2050年の安心・安全に貢献したい

世界の紛争、差別をなくし、平和にしたい

農家の豊かさ、安心を拡げたい

共存共栄、最新技術で利益還元したい

世界の農家と交流・支援したい

自己実現欲求（珈琲焙煎）

自己超越の欲求

自己超越欲求を上下逆転すると…

世界の農家と交流・支援したい
（自己実現欲求）

共存共栄、最新技術で利益還元したい
（承認欲求）

農家の豊かさ、安心を拡げたい
（社会的欲求）

世界の紛争、差別をなくし、平和にしたい
（安全欲求）

2050年の安心・安全に貢献したい
（生理的欲求）

自己超越の欲求

自己実現からスタートして基本欲求に至る
「逆・マズローの法則」

例題
—
38

「アイデアの源泉」を何と呼べばいい?

スティーブン・スピルバーグ監督の映画『マイノリティ・リポート』(2002 年) をご存じでしょうか。

映画の舞台は 2054 年。自動運転車、音声で操作する住宅、顔や瞳での個人認証など、2002 年の映画で描かれたものが、今日では現実になっています。

この映画製作には、マサチューセッツ工科大学の MIT メディアラボの研究員や『WIRED』創刊編集長ケヴィン・ケリーなど、未来学の専門家が関わり、大きな話題を呼びました。

私たちが新しいアイデアを思いつくとき、その根底には今まで見たり読んだりした、SF 映画や小説が存在していることがあります。

この「アイデアの源泉」は私たちの中にあるのですが、一体何と呼べばいいでしょうか?

「未来の記憶」

『マイノリティ・リポート』にかぎらず、私はSF映画に多くの影響を受けてきました。

リドリー・スコット監督の『ブレードランナー』(1982年)ではアンドロイドと人が共生する未来に衝撃を受けました。また、ロバート・ゼメキス監督の『バック・トゥ・ザ・フューチャー』(1985年)では、主人公マーティーとドク博士が繰り広げるハイテクノロジーな未来生活とタイムトラベルという奇想天外なドラマに魅了されました。

SFにこそ未来のヒントがある

「未来の記憶」という言葉を私が使うようになったのは、1990年を過ぎた頃。会社の同僚が「サイエンス・フィクション(SF)にこそ未来のヒントがある」と言い出したからです。彼はレンタルビデオ店からSF映画を借りてきては、目ぼしいシーンをビデオプリンターで印刷し、未来アイデアのクリップ集をつくったのです。今でいうSFプロトタイピングの先駆けとも言えます。私は大いに刺激されました。

ここで時間軸について少し考えてみましょう。

私たちは、時間が直線的に進んでいると考えがちですが、実際には過去や未来の概念も含め、時間の感じ方には様々な

要素が影響しています。

　もし私たちが**時間を直線的に感じることしかできなかったら、私たちの思考は「現在」に限定されるはずです。しかし、実際には、人間は「過去」を振り返ったり、「未来」を想像したりします**。私たちは「過去」「現在」「未来」を、同時に見られる場所から認識しているのです。

　だからこそ、SF映画には過去や未来へ行くタイムマシンが登場するのです。

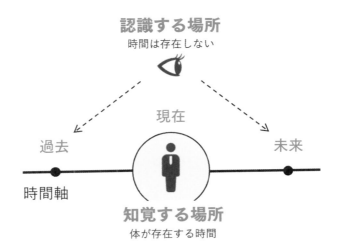

認識する場所
時間は存在しない

現在

過去　　　　　　　　　　　　　　未来

時間軸

知覚する場所
体が存在する時間

　多くの動物は過去を悔いたり、未来を憂いたりはしないでしょう。脳が発達した人間だからこそ、私たちは現実を超えて考える能力があるのかもしれません。

　SF映画は私たちに「未来のイメージ」を提供し、それが「未来の記憶」となって現実世界にも影響を与えています。

認識する場所

時間は存在しない

未来の姿を描く

過去　　　　　　　　現在　　　　　未来の記憶

時間軸

未来の記憶が、現実を変えていく

　だから、私は、**自分のなりたい姿や理想の暮らし・社会を想像し、そのイメージをまるで「実際に起こる未来」のように心に描くこと**を、「未来の記憶」と呼んでいます。

💡思考のポイント ビジュアライゼーションで 「未来の記憶」を周りの人に定着させる

　私たちの頭の中では、「現実の自分」と「未来の自分（理想の自分）」が競い合っています。実際には、より強くイメージされたほうが現実世界に影響しやすくなります。

　自分や関係者が「そのアイデア、すごい！」と思うほどのリアリティを感じない限り、そのアイデアは現実を変える力を持つ「未来の記憶」にはなりません。具体的でないアイデアで他人を巻き込むことはできません。

脳内では、現実と未来が勢力争いをしている！

現実　未来　VS　現実　未来

アイデアに魅力がないと
現実に引き戻されてしまう

未来アイデアに
リアリティを感じれば
自然とアイデアを実現したくなる

**「未来の記憶」を確かなものにするためには、「ビジュアラ
イゼーション」が有効**です。

「ビジュアライゼーション」は、自分やアイデアを受け取る
人に対し、リアリティあふれる理想の未来を具体的な映像や
イメージで表現する方法のことで、自分にも他人にも、どち
らにも大切なものです。

　ビジュアライゼーションによる効果は、
　自分に対しては……

・**未来の目標に臨場感を与える**
・**臨場感があれば、現実よりもリアリティを感じる**
・**すると、目標に向かって無意識に行動するようになる**

他人に対しては……

・**自分のアイデアに相手が臨場感を感じる**

・**臨場感のある目標は相手にとって自分事となり、実現したくてウズウズするようになる**

・**最終的には「それは自分のアイデアだ」と感じてもらえる**

などが考えられます。

とても役立つ方法だと思いませんか。

ビジュアライゼーションの 4 つの実践法

ここからは、「ビジュアライゼーション」を実践する 4 つの方法について説明します。

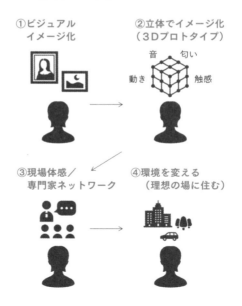

① ビジュアルイメージ化

　目指す未来の姿を写真やイラストで表現し、それを毎日見ることで、理想を視覚的にとらえやすくします。

　インパクトを与えるために、プレゼンテーションだけでなく、目につきやすい場所に新聞広告のようなポスターを貼るなどして、「臨場感」を高めます。

　憧れの人物や欲しいものがあるなら、日常的にその写真を見ることで、「未来の記憶」を強化し、「臨場感」を持続できます。

② 立体でイメージ化（３Ｄプロトタイプ）

　理想を単なるビジュアルだけではなく、音、匂い、動き、触感などを含む立体的な試作品としてつくり出しましょう。

　これにより、リアルな体験を提供し、他人が共感しやすくなり、様々な意見が集まりやすくなります。

③ 現場体感 / 専門家ネットワーク

　直接、アイデアや構想に関連する現場に足を運びましょう。詳しい人たちとつながることで、時間の流れを含めた「臨場感」を感じられます。

　また、専門家の集まりやイベントに積極的に参加してみましょう。自分だけでなく、理想を共有したい人や、ビジネスパートナーを実際の現場へ連れて行き、専門家と話すことで理解を深めてもらいます。これにより、現場特有の「臨場感」を演出することができます。

④ **環境を変える（理想の場に住む）**

理想とする場所に近い環境で働いたり、活動したり、生活することで、その臨場感を常に体験することができます。

たとえば、イノベーションを学びたければシリコンバレーへ、多様な情報を求めるならニューヨーク、サステイナビリティについて深く知りたい場合は欧州、マンガやアニメなどのポップカルチャーに触れたいなら東京がおすすめです。

これらは極端な例ですが、国内でも環境を変えることは可能です。

つまり、自分の目標や興味に応じて、最適な環境を選ぶことが大切なのです。

とはいえ、この方法は少し難易度が高いので、まずは他の３つの方法のうち、やりやすい方法から試すといいでしょう。

ビジュアライゼーションでスマート家電の「未来の記憶」を示す

これらの４つの方法を用いて、私も新しいプロジェクトの開発投資を推進してきました。

2010年頃に私が率いた研究所でスタートした**「発酵食品向けスマート家電のアイデア」**のプロジェクトの例を紹介します。

まず、メンバーが漬物、塩麹、味噌などの発酵食品を手軽につくれる家電を構想しました。そして、魅力的な「ビジュアルイメージ（CG）」をつくり、商品価値を説明できる資料

を用意しました**（ステップ①）**。

　しかし、アイデアの着眼点は評価されたものの、商品化には至りませんでした。

　そこで、次に「アイデアを立体的に具現化する」する**ステップ②**に進みました。

　簡単な動作モデルをつくり、スマートフォンと連携する操作体験を可能にしました。

　この技術的な試作を通じて、アイデアを「触れる形」にすることで、臨場感を増し、社内外からのフィードバックを得やすくなりました。これにより、プロジェクトへの関心が高まりました。

　その後、発酵の専門家と協力し、IoT 技術を用いた発酵食品の実験を行いました**（ステップ③）**。

　当初は家電による発酵に懐疑的な専門家もいましたが、実験を通じて発酵における新技術の可能性が見えてきました。

　簡単に言えば、「発酵の世界は、新しい技術の進化がまだ進んでいない未開拓の領域」とわかったのです。

　最終的に商品化には至りませんでしたが、「ビジュアライゼーション」によって、新たな開発ヒントを得られ、社内外にスマート家電の「未来の記憶」を示すことができました。そして、異なるスマート家電に関する相談がたくさん寄せられました。

　このケースから、**「ビジュアライゼーション」を強化した「未**

来の記憶」が、中長期的に大きな影響を与えることがわかります。

WORK ··

自分のアイデアを評価する際には、「未来の記憶になる強い
アイデアかどうか」を考えましょう。これは自分でなくても、
部下や同僚、取引先のアイデアも同様です。
強いアイデアであれば人の心に残り、自然と話題になって、
広がっていきます。

例題
39

洋時計と和時計の「時間の意味」の
違いは？

　現代の時計は「洋時計」と呼ばれ、日本には16世紀中頃に、キリスト教の伝来とともに持ち込まれました。この「洋時計」をベースにして、国内での機械式時計製造が始まりました。そして、日本が鎖国に入ると、日本独自の「和時計」が発展しました。

「洋時計」と「和時計」の主な違いのひとつは、時間を表示する方法にあります。「洋時計」は針が動いて時刻を示しますが、「和時計」では針は動かず、代わりに文字盤が動いて時刻を示すタイプがありました。

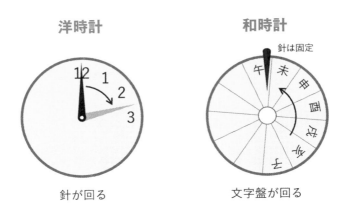

洋時計

針が回る

和時計

針は固定

文字盤が回る

　この違いによって、「洋時計」と「和時計」では、時間をとらえる意味合いが大きく異なっていたのです。では、この異なる時間のとらえ方とは何だったのでしょうか？

洋時計は「時間が基準」
和時計は「人間が基準」

洋時計と和時計は、時間を示す仕組みが逆です。

洋時計では文字盤が動かず、針が動きます。これは、まるで「針（人間）が時間の世界を歩んでいる」ととらえることができます。また、時間の流れ方が「人が過去から未来へ歩いているかのような状態」であるとも言えます。

一方で、和時計では針が動かず、文字盤が動きます。これは、**「時間が人のもとへと流れてくる」**という印象を与えます。

和時計では、人が一点に留まり、時間が動いて人に近づいてくる、まるで未来が人に向かってやってきて、現在を経て過去へと流れ去っていくかのようです。

この洋時計と和時計の仕組みの違いで、時間の流れ方の解釈が違ってくるなんて面白いと思いませんか？

💡思考のポイント 時間は未来から流れる

鎖国の間に和時計が生まれたことは、**日本人がもともと「未来から現在へ、そして過去へ」という時間の流れに対する独特の感覚を持っていた**ことを示しているかもしれません。

しかし、現代では多くの人が、洋時計の「過去から現在へ、そして未来へ」という時間の流れ方を自然と受け入れています。

　過去の出来事が現在をつくり、現在が未来を決定するという考え方です。

　たとえば、「**この大学を卒業すればよい仕事が見つかる**」や「**自分にはこの才能がないから、その目標は無理だ**」と考えるのは、**過去に縛られた考え方**です。

　過去と現在をもとに未来を予測する方法は、「**未来予測**」として例題36で解説しましたが、これも「過去」と「現在」の上に「未来」があるという考え方に他なりません。

　しかし、「あの山に登ろう！」という強い意思を持つことで、たとえそれが標高8000メートル級のエベレストのように高く困難な山であっても、人は挑戦することができます。この場合、過去の経験からではなく、「**未来**」**への意思が人を動かし、不可能を可能にする力を持っている**ことを示します。

　このような意思が「理想の未来」であり、それを目指して行動するアプローチが「**未来思考**」です。

　つまり、「未来予測」とは逆の考え方です。

「未来予測」パターン

「未来思考」パターン

　数十年前の SF が現実になる「未来の記憶」（218 ページ）のように、描かれた未来が最初にあり、その未来が時間を超えて現在へ流れこんでくるという思考です。

日本人は昔から未来を先取りしていた

　和時計を使っていた日本人ならではの未来を先取りする文化をもうひとつご紹介しましょう。

　それは「予祝」といって、「ありたい未来が実現している姿を前もって喜び祝う」というものです。

たとえば、春に行われる花見は、秋の豊作を先んじて祝うイベントです。満開の桜の下で楽しむことによって、未来の稲穂の豊かな実りを象徴し、日常生活の中で「未来の記憶」を形作っています。同じく、盆踊りも豊作を未来に先駆けて祝うイベントなのだそうです。

このように、**理想の未来を描き、現実を変えようとする人は、「時間は未来から現在へ流れることを知っている人」**です。

本書で触れてきた偉人たち、イーロン・マスク、スティーブ・ジョブズのような時代を変えるビジネスを立ち上げた企業人はみな、このような未来思考を持っていた人たちだと言えるでしょう。

未来を信じる力が強ければ強いほど、私たちの無意識の力が働き、現実を変えていく力を持つようになります。

WORK ....

もし時間が未来から現在へと流れると考えるなら、成功への秘訣は「まず未来を想像（創造）すること」にあるでしょう。

あなたが描く理想の未来はどのようなものですか？

おわりに

　いかがでしたか？　39の例題で、企画思考トレーニングを進めてきました。「エウレカ！」と叫びたくなる気づきはあったでしょうか？

　アイデアを組み立て、表現していくプロセスでは、**「言語化」と「図示化」が必要**になります。

　「言語化」とは文字通り「言葉にして説明すること」。感覚的なものを具体化して伝えていく作業です。「言語化」は内容がはっきりするものの、前後の文脈を欠いてしまうと全体性がなくなり、言葉の意味に誤解が生じることがあります。

　一方の「図示化」とは「図や絵にして説明すること」。複雑な関係や構造を抽象化して表現する作業です。
　「図示化」は絵で一見わかりやすくなりますが、形ばかりのものになってしまい、内容が失われてしまう恐れがあります。

　これらのことから、**アイデアの表現は「言語化」と「図示化」の組み合わせで進めていくことが理想です。**
　特に本書では、「図示化」の参考になるようできる限り図表を盛り込んでみました。

　私は子どもの頃、算数と理科が得意で、国語と社会が苦手でした。高校まで同じで、国語と社会に加えて英語も苦手で

したから、大学入試はものすごく苦労しました。数学と理科の成績はトップクラス、だけど国語と社会は最下位レベル。そのギャップの激しさが悩みでした。

　小学校の算数と理科のテストでは誰よりも早く解答が終わってしまい、いつも時間を持て余していたので、残りの時間で問題用紙の裏面にイラストばかりを描いていました。

　それは「みかんジュースを元のみかんに戻す工場のライン」の図。なぜそんなものに一生懸命だったのかわかりませんが、「構造を考え、図で表すこと」がその頃から好きでした。

　中学校のとき、苦手な社会を克服するため、先生の話す内容を図解したこともありました。例えるなら、ドラマに出てくる登場人物の相関図のようなものです。歴史上の人物や出来事のつながりを構造化し、私なりに記憶しやすい工夫を凝らしたつもりでした。言い換えれば、私は得意な「図示化」で苦手な分野をカバーしてきたのです。

得意な分野で表現しよう

　逆に、「図を見て理解はできるが、図は書けない」「図そのものが理解できない」という「図示化」がとても苦手だという人もいます。

　ある人にとって得意なことが別の人には不得手でしょうがない、ということはよくあることです。

だから、「言語化」と「図示化」の組み合わせをおすすめしましたが、**自分が得意とする表現で企画を進めてかまいません**。できれば、「言語化」が苦手な人はそれが得意な人と、「図示化」が苦手な人はそれが得意な人と組んで、補いながらアイデアを練り上げていけたらいいですね。

ちなみに、「言語化」はコピーライティングに関する書籍、「図示化」に関しては思考法のテンプレートやフレームワークに関する図鑑型の書籍が豊富で入手しやすくなっているので参考にするといいでしょう。

シンプルなテンプレートばかりですが、ただ理解するだけと使いこなすことは全く違います。日常で繰り返し使えば使うほど、「図示化」のスキルは向上していきます。

いろんな思考法を共通点から役立てる

本書で取り上げた39の例題と「思考のポイント」の中には、共通点を持つものがあります。

たとえば、例題32の「2つの対極からパターンを見つける」、例題33の「白と黒、混ざらない世界が動きを生む」、例題34の「方程式の『イコール（＝）』は『双方向』」の共通点は「回転」です。

世界は止まることなく常に流れていて、その動きを「回転」に関連させると考えがまとまりやすくなりました。

私自身、やむことのない生命の土台は「回転」でできているのではないかと思うほどです。

　例題34ではアインシュタインの「E＝mc²」を取り上げました。車イスの天才物理学者、スティーヴン・W・ホーキング博士の著書『ホーキング、宇宙を語る』は20年間で1000万部以上の売上を記録したベストセラーですが、博士はそのまえがきで、こう述べました。
「この本の中に数式を一つ入れるたびに、売れ行きは半減すると教えてくれた人がいる。そこで、数式はいっさい入れないことに決心した。しかし、とうとうひとつだけは入れることになってしまった。アインシュタインの有名な式 E＝mc² である」
　それほど「E＝mc²」は天才博士にとっても特別なものであったはずですし、私にとっても「回転」を追求する上では重要なもののひとつなのです。

　その他、「三角形（円錐を含む）」や「レイヤー構造」も共通点として挙げられます。39の例題と「思考のポイント」はつながりを持たせて理解すると、いざというときに思い出しやすくなって、使い勝手がよくなるでしょう。

AIによる「思考の外部化」はどうなる？

　最後に、未来についての考察をつけ加えさせてください。

近年、大規模言語モデル（LLM）などの進展で一気に人工知能（AI）が浸透してきました。暮らしや社会の様々な領域で効率化と最適化を促し、何よりも使いこなす人にとってはよきアシスタント、よきパートナーになり始めています。

　その反面、AIの普及には雇用不安やプライバシーリスク、安全保障上の不安など、懸念事項が多いのも事実です。新しい変化にはいつもポジティブとネガティブの両面がつきまといますが、企画思考を用いて長期的な視点で考察してみるのも面白いでしょう。

　たとえば、例題20の「食のトレンドはいつも最先端」においては、180万年前に始まった調理によって食物は柔らかく、食べやすく、吸収しやすくなることで、体内で行われていた消化の一部を調理が代わりにやるようになったと述べました。調理による「消化の外部化」ができたからこそ、人はたくさんの栄養とエネルギーを取り込めるようになり、脳が大きく進化できたと言われています。

　今、まさにこれと同じようなことがAIによってもたらされています。**「思考の外部化」**です。

「思考の外部化」によって私たちはこれまで以上の何かを取り込めるようになるかもしれません。「消化の外部化」がもたらした変化を、「思考の外部化」に重ねて考えてみてはどうでしょうか。

AIは何でも答えてくれます。相談にも応じてくれます。しかし、今日食べたおいしい食事のあのひと口、口の中でいっぱいに広がったあの味覚、その一瞬の感動を私はAIに伝えることができません。きっとAIからしても私の一瞬の感動そのものを理解し、言語で対話するには限界があるでしょう。

　このように考えていけば、非言語の分野、感性領域が今後は面白くなると思います。

個人の感覚から共通の感覚へ。

　将来、人と人は直接的かつ瞬間的にお互いを理解し合える共通感覚の器官が発達し、それを基盤とした新たな共同体へと進化する可能性があるのではないか、その感覚は自然の神秘や生命の本質を理解する感受性につながるのではないか、というのが私の仮説です。

　ここまで読んでいただき、本当にありがとうございました。

　先行きのわからない時代だからこそ、事物の関連性を見つけて、アイデアを組み立てていく「企画思考」は、ますます重要になってくるでしょう。

　1人でも多くの人が「企画思考」を身につけ、自分にとっての「エウレカ!」、社会にとっての「エウレカ!」、世界共通の「エウレカ!」を見つけてもらうことが私の願いです。

　本書がその小さなきっかけになってくれれば幸いです。

謝辞

　生まれて最初に手にした本の記憶はありませんが、幼少の頃、歩いて行ける場所にある小さな書店で、祖母がたまに本を買ってくれたのを覚えています。学生の頃は大きな書店に行くたびに、世界の叡知と心がここにあるような気がして、ワクワクとドキドキが止まらなかったことが今でも蘇ります。そんな自分が1冊の本をこの世に残せるなんて、こんなに嬉しいことはありません。

　本書は入手可能な一般情報と個人的な体験をもとに私の考えをまとめ、楽しく読んでいただける工夫をしました。そして、何よりもいろんな人たちの肩の上に立つことで、完成することができました。

　入社当時から今でも理想の生き方・働き方を教えてくださる橋本實さん、川上嘉彦さん、本書で取り上げた視点に多くのインスピレーションをくれた岡村貞夫さん、心や感性に関する文献をたくさん提供してくれた幼馴染の江口一政さん、中国・台湾に詳しいコンサルタントの太田謙二さん、そして、パナソニックでの35年間、自主性を重んじる風土で一緒に切磋琢磨し、稀有な組織を共に育んでくれた元・未来創造研究所のメンバー。みなさんとの出会いと交流から本書のエッセンスが磨かれました。

　また、出版活動に共感とエールをくださり、背中を押していただいたパナソニックデザイン担当役員の臼井重雄さん、デザイン本部長の木村博光さん、人事・広報部門の方々、そ

して、出版のきっかけづくりと実現までの伴走を通じ多面的なアドバイスを投げ続けてくださった長倉顕太さん、原田翔太さん、The Authors' Club（TAC）の仲間たち、まったく経験のない私に執筆の勘所を教え、本書の方向性に「エウレカ」を与えるとともに、この形にまで仕上げてくださった編集者の江波戸裕子さんに、心から感謝を申し上げます。

　最後に、自由な人生を歩ませてくれた両親、妹と弟、いつも笑顔を絶やさず陰ながら支えてくれる妻と子どもたちに、心からどうもありがとう。

2024 年 4 月　渡邊和久

〈参考文献〉
・『生活家電入門―発展の歴史としくみ―』（大西正幸／技報堂出版）
・『ラピタ　懐かしのニッポン家電大全集』（2003年1月号別冊付録／小学館）
・『世界最先端8社の大戦略　「デジタル×グリーン×エクイティ」の時代』（田中道昭／日経BP）
・『神山進化論　人口減少を可能性に変えるまちづくり』（神田誠司／学芸出版社）
・『窓を開けなくなった日本人　住まい方の変化六〇年』（渡辺光雄／農山漁村文化協会）
・『SLEEP　最高の脳と身体をつくる睡眠の技術』（ショーン・スティーブンソン／花塚恵 訳／ダイヤモンド社）
・『スタンフォード式　最高の睡眠』（西野精治／サンマーク出版）
・『LIFE SHIFT（ライフ・シフト）―100年時代の人生戦略』（リンダ・グラットン／アンドリュー・スコット／池村千秋訳／東洋経済新報社）
・『バイオグラフィー・ワーク入門』（グードルン・ブルクハルト／樋原裕子訳／水声社）
・『昭和珍道具図鑑　便利生活への欲望』（魚柄仁之助著／青弓社）
・『2020-2030　アメリカ大分断　危機の地政学』（ジョージ・フリードマン／渡辺靖他訳／早川書房）
・『いままで起きたこと、これから起きること。―「周期」で読み解く世界の未来』（髙城剛／光文社）
・『日本3.0　2020年の人生戦略』（佐々木紀彦／幻冬舎）
・『改訂版　マーケティング用語図鑑』（野上眞一著／新星出版社）
・『山アラシのジレンマ　人間的過疎をどう生きるか（ダイヤモンド現代選書）』（L.ベラック／小此木啓吾訳／ダイヤモンド社）

- 『自然は脈動する　ヴィクトル・シャウベルガーの驚くべき洞察』（アリック・バーソロミュー／野口正雄訳／日本文教社）
- 『脳と森から学ぶ日本の未来』（稲本正／小林廉宜写真／WAVE出版）
- 『土と内臓―微生物がつくる世界』（デイビッド・モントゴメリー／アン・ビクレー／片岡夏実訳／築地書館）
- 『生物から見た世界』（ユクスキュル／クリサート著／日高敏隆・羽田節子訳／岩波文庫）
- 『生物に世界はどう見えるか―感覚と意識の階層進化』（実重重実／新曜社）
- 『近代絵画史（上）増補版―ロマン主義、印象派、ゴッホ』（高階秀爾著／中央公論新社）
- 『「自分だけの答え」が見つかる　13歳からのアート思考』（末永幸歩／ダイヤモンド社）
- 『火の賜物　ヒトは料理で進化した』（リチャード・ランガム／依田卓巳訳／NTT出版）
- 『食の歴史―人類はこれまで何を食べてきたのか』（ジャック・アタリ／林昌宏訳／プレジデント社）
- 『目で見る日本缶詰史』（日本缶詰協会編／日本缶詰協会）
- 『非常識な本質』（水野和敏／フォレスト出版）
- 『ザ・ゴール』（エリヤフ・ゴールドラット／三本木亮訳／ダイヤモンド社）
- 『マインドの教科書』（田島大輔著／苫米地英人監修／開拓社）
- 『中世の春　ソールズベリのジョンの思想世界』（柴田平三郎／慶応義塾大学出版会）
- 『月はすごい―資源・開発・移住』（佐伯和人／中央公論新社）
- 『自我と無意識』（C.G.ユング／松代洋一・渡辺学訳／第三文明社）
- 『伝えることからはじめよう』（高田明／東洋経済新報社）
- 『90秒にかけた男』（高田明／木ノ内敏久／日経ＢＰマーケティング）
- 『改訂　シンプルマーケティング』（森行生／ソフトバンククリ

エイティブ）
- 『2022年の次世代自動車産業　異業種戦争の攻防と日本の活路』（田中道昭／PHP研究所）
- 『メディアとしての博物館』（梅棹忠夫／平凡社）
- 『さとりと日本人　食・武・和・徳・行』（頼住光子／ぷねうま舎）
- 『ヘーゲル哲学に学ぶ考え抜く力』（川瀬和也／光文社）
- 『生命とは何か―物理的にみた生細胞』（シュレーディンガー／岡小天・鎮目恭夫訳／岩波文庫）
- 『「組織が結果を出す」非常識でシンプルなしくみ』（田島大輔／久野和禎／苫米地英人全面監修／開拓社）
- 『確率思考の戦略論　USJでも実証された数学マーケティングの力』（森岡毅／今西聖貴／KADOKAWA）
- 『新訳　創造する経営者』（P.F.ドラッカー／上田惇生訳／ダイヤモンド社）
- 『ポスト・ヒューマン誕生　コンピュータが人類の知性を超えるとき』（レイ・カーツワイル／井上健監訳／NHK出版）
- 『成長企業の法則　世界トップ100社に見る21世紀型経営のセオリー』（名和高司／ディスカヴァー・トゥエンティワン）
- 『世界で最もSDGsに熱心な実業家　イーロン・マスクの未来地図』（竹内一正／宝島社）
- 『NETFLIX　コンテンツ帝国の野望―GAFAを超える最強IT企業』（ジーナ・キーティング／牧野洋訳／新潮社）
- 『図解 マンダラチャート』（松村寧雄／青春出版社）
- 『AXIS　パナソニックデザイン ストーリー・オブ・フューチャークラフト』（2020年4月増刊号／アクシス）
- 『「言葉」があなたの人生を決める【実践ワークブック】』（苫米地英人／フォレスト出版）
- 『前祝いの法則』（ひすいこたろう／大嶋啓介／フォレスト出版）

〈参考資料・サイト等〉
- 国土交通省HP
- 厚生労働省HP
- 東京都健康安全研究センターHP
- 一般社団法人日本時計協会HP
- 「循環型社会白書　平成20年版」（環境省）
- 「コンビニエンスストア統計データ」（一般社団法人フランチャイズチェーン協会）
- 「matinote」（2016年4月2日）
- 「セキララ　ゼクシィ」（2022年11月24日）
- 「『生活定点』調査2023」（博報堂生活総合研究所）
- 「2040年の住宅市場と課題」（野村総合研究所／2022年）
- 「OECD Environmental Outlook to 2050」（OECD／2012年）
- 「フォーブスジャパン」（2019年7月6日）
- 「タクシー事業の現状」（一般社団法人全国ハイヤー・タクシー連合会）
- 「全国賃貸住宅新聞」（2023年12月15日）
- 「WIRED」（2016年2月22日）
- 「ELEVATE SOSIETY」
- 「Reuters」（2023年2月4日）
- 「Think Independent」（2019年2月6日）
- 「Quote Investigator」（2011年10月31日）
- 「パナソニック・プレスリリース」（2017年1月19日／2019年8月30日）
- 「BizZine」（2018年12月28日）
- 講演会「モネに潜在するもの、その複数性」（林道郎／2018年8月26日）
- セイコーミュージアム銀座
- 「KonMari ～人生がときめく片づけの魔法」（Netflix／2019年）
- 「万年時計～江戸時代の天才が産んだ驚異の機械時計」（NHK／2005年）

渡邊和久 わたなべ・かずひさ

フューチャリスト／クリエイティブコーチ

パナソニック株式会社デザイン本部所属。1988年 松下電器産業株式会社（現・パナソニック）入社。独立型コンサルティング組織の設立に参画し、2023年3月まで異種異能のクリエイター集団「未来創造研究所」を主宰。暮らし・社会の未来研究を進めながら、美術館やテーマパーク、地域再開発などのシステムデザインをはじめ、「CO2±ゼロ住宅（09年）」、「IoT型珈琲焙煎機（17年）」、「快眠環境システム（20年）」など、新規テーマの創造に関わる。日経新聞でのコラム執筆（05年）、未来構想に関する講演会多数。まちづくりアドバイザーなど、有志によるボランティアなどにも取り組む。

HP　　　　https://waterstudio.jp/
note　　　https://note.com/kaz_watanabe/

大手メーカーの未来研究者による門外不出の
企画思考トレーニング

2024年4月30日第1刷発行

著者　　　渡邊和久
発行者　　矢島和郎
発行所　　株式会社飛鳥新社
　　　　　〒101-0003
　　　　　東京都千代田区一ツ橋2-4-3　光文恒産ビル
　　　　　電話（営業）03-3263-7770　（編集）03-3263-7773
　　　　　https://www.asukashinsha.co.jp

印刷・製本 中央精版印刷株式会社